# 古事記

太安萬侶 著

周作人 譯

【編輯人語】

# 流傳至今，值得一讀日本的創世神話

科學文明的現代，談到人類源起、宇宙創造之類的話題，幾乎所有人的基本知識都來自於演化論或物競天擇，但如果回歸到民族發展或宗教信仰來看，每個古老的民族，都有屬於自己的創世神話。

在中國，最為人所知的創世神話是盤古開天、女媧造人，有關盤古開天的文字，最早記錄在《三五曆紀》中。《三五曆紀》成書於三國時代，原書早已佚失，少量的文字散見於《太平御覽》等類書中。而關於女媧造人的故事，最早可見於《山海經．大荒西經》，講述女媧死後，腸子化成了十個神人。中國的創世神話雖然耳熟能詳，但因為書籍散佚、內容殘缺不全，並沒有一套完整的神話系統，而是零星片斷的故事。

在中國之外，巴比倫的創世史詩〈天之高兮〉（Enuma Elis）是記錄在泥板上，約一千行左右的長篇神話，記載創世前天地一片混沌，由男女兩神所統治，兩神結合，生育並創造眾多神祇。而神明們互相紛爭，戰鬥頻繁，最終導致決戰，戰勝者馬杜克（Marduk）將女神提阿瑪（Tiamat）殺死，以屍身造出天地，並以自身血骨創造出敬拜、祭祀神明的人類……

鄰近中國的印度，也是歷史悠久的古老文明。印度的創世神話與《梨俱吠陀》一書有關。《梨俱吠陀》成書大約可追溯到公元前兩千年到一千五百年之間，原本是婆羅門祭司之間代代相傳的口傳文獻，內容主要講述天、地、空三界的諸神故事，也記載各種妖魔、神獸。按照此書所說，人是神的子孫，並記錄了種性制度的四個階級起源。

回到本書來說，《古事記》的有趣，在於它寫下了獨屬於日本的創世神話。

本書成書於西元七一二年，是日本現存最古老的史書。書中敘述天地初創時混沌未明，眾神是自然形成的，起初並不現於世間，而後逐漸性別明確，懂得結為夫妻關係，最終出現一對名為伊耶那岐命與伊耶那美命的兄妹神，結為夫婦後，不但孕育日本諸島，更生下包括土地、海洋、山、風、火等等各種神明。諸神相互繁衍，而人類是諸神的後代，也是天神的後嗣。天皇的初始——神武天皇，是天照大御神所派遣來統治人界的天孫後代，因此天皇既是人也有神的身分，形成了萬世一系的天皇繼承制度。

說到《古事記》，不能不談本書的譯者周作人先生。周作人為民初著名的文學家與翻譯家，其文筆平和沖淡、清雋幽雅，胡適稱許為「民國第一散文家」，一生翻譯作品無數，尤其熱心日本文化與文學。他特別為本書撰寫引言與多筆參考譯注，強調本書不僅是神話學術之作，更兼具文學藝術與人情趣味，筆致潤澤，優美輕巧，值得讀者一觀。

陳名珉（商周出版編輯）

# 【導讀】從《古事記》探索日本文化的源頭

藍弘岳
國立交通大學社文所副教授

日本曾是臺灣的殖民母國，即使在殖民統治已結束七十幾年後的今天，臺灣的地理空間、語言中，仍隨處可見日本文化遺留的痕跡，媒體與街頭也經常充斥著動漫影視等當代日本流行文化。

就此來說，臺灣人對日本文化是熟悉的，但若仔細觀察流行日本動漫中所講述的「怪力亂神」，或在日本旅行時，瀏覽整潔的街道、古老的神社等古蹟，許多人對於日本的觀感，可能不僅止於美麗、新奇，還有著異國的陌生感。

其實，神社中所祭祀的諸神，乃至像《少年陰陽師》那般日本動漫作品中出現的許許多多鬼神，都源於日本神話。而所謂日本神話，大多是來自於《古事記》、《日本書紀》等書。

## 《古事記》與《日本書紀》

《古事記》是太安萬侶（?～西元七二三年）[1]據稗田阿禮所背誦的「帝紀」「舊辭」，在和銅五年（西元七一二）所編寫成的書，也是現存最古老的日本史書。分為上卷（序文、神話）、中卷（第一代神武天皇到第十五代應神天皇）和下卷（第十六代仁德天皇到第三十三代推古天皇）。

《日本書紀》則是由舍人親王等人用漢文在養老四年（西元七二〇年）編撰完成的，記載從神代到持統天皇（第四十一代天皇）時代的歷史。全書共三十卷、系圖一卷（但已遺失）。

這兩本書的重要差異，如下所述：

一、相對於《古事記》是寫給天皇及其周遭相關人看的，《日本書紀》則有意識到彼岸大陸的國家，因此被認為是代表日本正史之書。

二、在《古事記》中不用「日本」，自稱為「倭」；而《日本書紀》則直接以「日本」為國名。

三、《日本書紀》是以正統漢文寫成的；《古事記》則是用「音訓交用」的方式寫成的。即用漢字來表示語意外，也同時用漢字標出日本音。這也就是說，《古事記》是由變體漢文文體記錄下來，被認為是很難完全正確解讀的文本[2]。

四、與上一點相關，《日本書紀》繼承來自《准南子》、《三五曆紀》等古代中國漢文書籍中的陰陽世界觀，《古事記》則有日本獨自的世界生成觀念，及「高天原」的世界觀[3]。

五、《日本書紀》從奈良時代已有人研究，但在江戶時代之前，《古事記》幾乎無人研究。

因上述的差異，江戶時代的國學大家本居宣長（西元一七三〇～一八〇一）認為，相較於幾乎完全以漢文書寫的《日本書紀》已被「漢意」（からごころ，指來自中國的漢字、漢籍中的道德原理與觀念等）嚴重汙染；《古事記》被汙染的程度比較少。他相信透過對《古事記》的研究，可重現古代日本的「皇國」（みくに），即一種人與神共生的理想國度[4]。所以，本居宣長花了三十年以上的時間注釋《古事記》，寫出《古事記傳》。這本書至今依然是解讀《古事記》必備的經典。但《古事記傳》不只是注釋書，更代表江戶國學對於古代日本的理解與想像之書。

對於《古事記傳》的繼承與批判，是十八、十九世紀日本國學運動的一大重點。在國學文本中，透過對日本神話的分析，和對儒學、中華（漢、韓）等的批判，對何謂日本、日本人（和）做出一種本質性的描述與論斷。這些國學相關著作是近代思想史、國文學等學術領域在發明、思考日本傳統時的重要思想來源，故也成為近代日本國族敘事的重要文本。從這個角度來講，我們可說《古事記》不只是古代日本的歷史、神話或文學，更是企圖在近代日本打造日本國族、日本意識形態時所依據的重要作品[5]。

再進一步說，儘管《古事記》或《日本書紀》有上述的差異，但兩書編纂的目的都是為表現天皇統治之正統性，即兩書中所談的神話，都是關於天皇神話的一部分。而這一部分也成為日本在二戰戰敗之前，主張天皇制國家正統性的主要依據來源。

## 《古事記》與天皇神話

如上述，由於《古事記》上卷記載的神代部分內容過於玄妙，日本史學者很難直接將之視為正史來看待，而是把它理解為是神話故事，透過對其中文字與修辭解釋的方式，試圖還原其所欲表現的歷史。

單純就神話的角度來說，《古事記》上卷記載的日本神話，至少整合了「高天原神話」與「出雲神話」這兩大日本古代神話體系。

所謂高天原神話，包括：眾神的出現、日本列島的誕生、伊耶那美與火神、伊耶那岐前往黃泉之國、伊耶那岐返回地上與祓禊、天照大神與須佐之男命的對立、天之岩戶等故事情節。

而所謂出雲神話，則有須佐之男命殺死八岐大蛇、大國主命的建國與讓國等故事。

按神野志隆光的解釋，《古事記》上卷的這些故事被串連在一起，詮釋了為何天皇具有統治日本的正統性。其正統性的生成原理，就在天照大神的出現，及天孫攜帶神器降臨地上世界，並促使大國主命讓國的這一連串神話的情節中[6]。

其次，就《古事記》中卷部分，即從神武天皇至倭建命、應神天皇、神功皇后的部分，主是要詮釋「大八島國」（淡路島、四國、隱岐島、九州、壱岐島、對馬、佐渡島、本州），乃至朝鮮半島如何在歷史進行中，成為天皇統治之世界（天下）的過程[7]。

至於下卷之中，許多反叛與平定的故事，即是要敘述天皇的「天下」如何被維持，並實現具正統性皇統的過程[8]。

當然，我們也可以從民族學、民俗學、考古學、神話學，乃至比較神話學的角度，來理解《古事記》中出現的諸神。從這些角度來看，例如伊耶那岐、伊耶那美等，被認定原本是淡路島的地方神，而天照大神原本只是伊勢地方信仰的太陽神。

而以太陽之子從天而降成為王朝始祖的神話來說，還可與東南亞、朝鮮半島等地類似的神話比較[9]。

這也就是說，在歷史或文學領域，在其他學術領域中，《古事記》記載的內容依然是重要的研究對象，是提供我們理解上古日本歷史的重要線索。

而從另一個角度來看，其中蘊含的神話，也是不斷刺激當代日本文化創作的重要資源。

## 周作人與《古事記》

根據紀錄，一九五九年，周作人翻譯完成《古事記》，至一九六三年正式出版了中文譯本，但他沒有以周作人之名擔任譯者，而是用筆名周啟明之名出版。直到一九九〇年由國際文化出版公司出版時，譯者才改回為周作人[10]。

然而，值得注意的是，據周作人撰寫的《知堂回想錄》中文章〈我的工作（五）〉[11]所述，周作人早在一九二〇年左右就開始翻譯《古事記》，並陸續發表於《語絲》雜誌，共十次左右。

一九四九年後，因為想要介紹世界古典文學運動的關係，周作人再次開始翻譯《古事記》的後續。他強調，自己對這個譯本並不滿意，希望增加更多注釋。但這個譯本依然是現今最好的中文譯本。周作人在有限的材料中，除依據本居宣長的《古事記傳》內容，也使用《日本書紀》、《古語拾遺》、《倭名類聚抄》等古代日本的文獻，乃至中國的《莊子》、《唐韻》、《玉篇》等古典文獻進行了補充注釋。這表示了儘管周作人對譯本尚不滿意，但也為本書下足了功夫。

其次，周作人認為《古事記》的真實價值當不是作為歷史，而是作為文學書來看，是記錄古代傳說的書。所以他將此之視古代日本神話和民間故事等俗文學之類的作品看待，將之翻為白話文時，文中經常出現諸如「我的身子」、「親愛的妹子」等非常口語的用詞表現。

所以，雖然文中的日本神名等不好讀，有些拗口，但譯文本身是輕快易懂的。

老實說，若非周作人的貢獻，《古事記》的中文譯本恐怕將會更晚問世[12]。

本書不僅對於古代日本的歷史、神話感興趣的人該讀，對於喜歡周作人文學之人也是值得閱讀、賞析的。而且，對於《古事記》的研究者而言，周作人的翻譯與注釋，作為首部《古事記》中文譯本，更是值得關注與研究的。

對一般大眾來說，《古事記》將是一本引領你理解日本的神話、文創乃至展開自我想像之旅的經典。

1 名為「安萬侶」（《古事記・序》），「太」為其氏名。

2 亀井孝，〈古事記はよめるか——散文の部分における字訓およびいはゆる訓讀の問題〉，收入《亀井孝著作集四，日本語のすがたとこころ（二）》（東京：吉川弘文館，1985）。

3 神野志隆光，《古事記：天皇の世界の物語》（東京：日本放送出版協会，1995），頁162-189。

4 關於本居宣長如何透過對古事記的解讀創造出「皇國」觀念，參閱裘寬紋，《宣長はどのように日本を想像したか》（東京：笠間書院，2017）。

5 神野志隆光，《古事記と日本書紀：「天皇神話」の歴史》（東京：講談社，1999），頁190-209。

6 神野志隆光，《古事記：天皇の世界の物語》，頁126-161。

7 神野志隆光，《古事記：天皇の世界の物語》，頁192-225。

8 神野志隆光，《古事記：天皇の世界の物語》，頁226-260。

9 松前健，《日本の神々》（東京：講談社，2016），頁197-231。

10 劉岳兵，〈中國における「古事記」研究について——周作人の漢譯『古事記』を中心に〉，收入《現代によみがえる『古事記』——『古事記』撰錄千三百年記念》（東京：NPO法人神道國際學會，2013），頁85-87。

11 周作人，〈我的工作（五）〉，《知堂回想錄・下》，收入《周作人自編文集第三卷》（石家莊市：河北教育出版社，2002），頁700-704。

12 後來，鄒有恆和呂元明也翻譯了《古事記》（北京：人民文學出版社，1979）。

【目錄】

## 卷中

# 卷下

# 引言

日本最早的古典文學，稱為奈良朝文學，著名的只有兩種，散文有《古事記》，韻文總集有《萬葉集》。奈良朝七代天皇，自元明女帝和銅三年（公元七一〇）遷都平城，至桓武天皇延曆三年（公元七八四）再遷，七十四年間以現今奈良為首都，所以有此名稱，而事情極有湊巧的，安萬侶奉敕編纂《古事記》，在和銅四年九月，一方面《萬葉集》的主要作者大伴家持，有人說他便是編集的人，也於延曆四年八月去世了。這兩部書恰好正與這一朝相終始了。

奈良朝文化全然是以中國文化為主的，在推古女帝時聖德太子攝政，定憲法十七條，政治取法隋唐，宗教尊崇佛法，立下根基，為二十年後「大化革新」的發端。第三十六代孝德天皇改元「大化」（公元六四五），於次年下改革的詔旨，以後天皇也有了諡號，這年號與諡法兩件中國特別辦法的採用，於日本歷史上留下不可磨滅的痕跡。最重要的是文字的借用。宮廷政治與宗教（佛教）上用的全然是漢文，當時社會上有勢力的人大抵有相當的漢文化，能寫作像樣的詩文，安萬侶的《上古事記表》便是一篇很好的六朝文，而孝謙女帝在天平勝室三年（公元七五一）所編的《懷風藻》裡所收漢詩一百二十餘篇，作家至有六十四人之多，可以知道這個大概了。但是這種借用的文字，假如想用了來做文藝作品，那是不可能的事情，於是在利用漢字偏旁，造作日本字母（假名）之前，不得不暫時借用整個漢字來拼音的方法，寫成一種奇怪的文體。不過這也不是新的發明，中國翻譯佛經裡便有這一體，即全篇的咒語固然如此，此外經中重要語句，也時常這樣的保存原文的音譯，如《妙法蓮華經》中普門品中的「阿耨多羅三藐三菩提」，即是一例。奈良朝的文學作品，便是以這種文體寫作出來的。

《古事記》三卷，據原序所說，是和銅四年（公元七一一）九月開始編集，於次年正月完成的。編集的人是安萬侶，口授的是舍人稗田阿禮，而最初審定的乃是第四十代的天武天皇。所以安萬侶的工作只是在於編寫，不過這工作也是不可看輕的，蓋事屬初創，有許多困難的事情，《上古事記表》中說得好，特抄原文如下：

「然上古之時，言意並樸，敷文構句，於字即難，以音訓述者，詞不逮心，全以音連者，事趣更長。是以今或一句之中，交用音訓，或一事之內，全以訓錄，即辭理叵見以注明，意況易解更非注。」今錄《古事記》第一節的後半，以見一斑：

「次國稚如浮脂而，久羅下那州多陀用幣琉之時（琉字以上十字以音）如葦牙因萌騰之物而，成神名，宇麻志阿斯訶備比古遲神（此神名以音），次天之常立神（訓常云登許，訓立云多知），此二柱神亦獨神成坐而隱身也。」

書成九年之後，第四十四天皇元正女帝的養老四年（公元七二〇）《日本書紀》三十卷成功，安萬侶也參與其工作，由舍人親王監修，這是一部漢文的日本歷史，就書名看來，也可以知道這是國際性質的，但因此有這一個缺點，便是如日本國學者所說，裡邊有的是「漢意」，至少如作為文學看，其價值不如《古事記》的純粹了。這正如《懷風藻》儘管是像樣的漢詩，但是要看文學上的日本詩歌，也不得不去找《萬葉集》來看，正是同一個道理。

《古事記》的內容，是由兩種材料混合編成，這便是序文裡所引天武天皇的詔書中所說，帝紀與本辭。所謂帝紀就是記載歷代天皇的歷史，凡天皇御名、皇居、治天下、后妃、皇子皇女、升遐、御壽、山陵這些事實，在大葬的時候當作誄詞去念的。現在雖然沒有傳本，但在那時代，恐怕已經有漢文記載存在，叫作什麼《帝王本紀》之類。至於本辭，也稱作舊辭，那是別一種性質的東西，用現代的名稱來說，即是神話、傳說，或民間故事。這是古代口頭流傳的文學，講述奇妙的故事，凡是諸神行事的是神話，屬於英雄的是傳說，若是同樣故事而說的不是專屬神或人的，便是民間故事了。天武天皇詔書裡，雖說「撰錄帝紀，討核舊辭，削偽定實，欲流後葉」，意思是二者並重，但實際是未能達到目的，猶如把竹片接到木頭上去，完全是兩截，沒法子融接得來。不過，這卻是正好的。《古事記》的價值，不在作為一部史書上，它的真價乃是作為文學書看，這是一部記錄古代傳說的書，在公元八世紀時所撰集，這個年代在亞洲各國不算很早，但在日本卻是第一部古書了。在那麼早的時候，來敕撰一種故事書，事實是不可能的，只能在歷史書的幌子底下，才能生產出來，而《古事記》就真是這樣出來的。三卷中第一卷完全是神話，所記是神代的事情，第二、三卷是記人皇的事情，自神武天皇至推古天皇，凡三十三代，除單純的帝紀以外，所有故事都是傳說的性質，內容雖相似，但所講的主人公乃是人而不是神了。三十三代中間，僅神武天皇等十三代，於帝紀之外，有本辭的材料，成為中下卷的內容，其他二十代便沒有故事，只剩枯燥無味的帝紀，而且那有本辭做裝飾的十三代，其帝紀也是同樣的枯燥，所以《古事記》三卷的價值，完全在於舊辭，即是神話與傳說，帝紀一部分乃是應有的枝幹，有了這枝幹才能作為掛上新衣的鉤子，這許多傳說乃能說得有條理有系統，而不是一部雜亂無章的傳說集了。古來有一句話，叫作「買櫝還珠」，這《古事記》裡的帝紀正是史實的珠子，但我們覺得有興趣的，卻在那些附加的裝飾，正合得上那句買櫝還珠的古話了。

把《古事記》當作日本古典文學來看時，換句話說，就是不當它作歷史看，卻當作一部日本古代的傳說集去看的時候，那是很有興趣的，不過要簡單的說明，卻不是容易的事。一國的神話與傳說，有些是固有的，有些是受別國的影響的。日本受印度、中國的影響很深，在《古事記》裡很明顯的看得出來，如第一五七節天之日矛，便很有印度故事的色彩，連言語也有關係，其自中國的為第一〇六節的御真木天皇、一六三節的聖帝之御世、一七四節的雁生子，都有歌功頌德的模仿痕跡，若其出於自己創造者便很不相同了。日本傳說自有其特色，如天真、纖細、優美，但有些也有極嚴肅可怕的，例如第一三八節的仲哀天皇的倉卒晏駕，即是一例。那是日本固有宗教的「神道教」的精神，我們想了解日本故事以至歷史的人所不可不知道，然而也就是極難得了解清楚的事情。

周作人

一九五九年一月三十日

# 序

臣安萬侶言。夫混元既凝，氣象未效，無名無為，誰知其形。然乾坤初分，參神作造化之首，陰陽斯開，二靈為群品之祖。所以出入幽顯，日月彰於洗目，浮沉海水，神祇呈於滌身。故太素杳冥，因本教而識孕土產島之時，元始綿邈，賴先聖而察生神立人之世。實知懸鏡吐珠，而百王相續，吃劍切蛇，以萬神蕃息歟。議安河而平天下，論小濱而清國土。

是以番仁岐命，初降於高千嶺，神倭天皇，經歷於秋津島。化熊出川，天劍獲於高倉，生尾遮徑，大烏導於吉野。列舞攘賊，聞歌伏仇。即覺夢而敬神祇，所以稱賢後。望煙而撫黎元，於今傳聖帝。定境開邦，制於近淡海，正姓撰氏，勒於遠飛鳥。雖步驟各異，文質不同，莫不稽古以繩風猷於既頹，照今以補典教於欲絕。

曁飛鳥清原大宮，御大八州天皇御世，潛龍體元，洊雷應期，聞夢歌而想纂業，投夜水而知承基。然天時未臻，蟬蛻於南山，人事共洽，虎步於東國。皇輿忽駕，凌渡山川，六師雷震，三軍電逝。杖矛舉威，猛士煙起，絳旗耀兵，凶徒瓦解。未移浹辰，氣沴自清。乃放牛息馬，愷悌歸於華夏，卷旌戢戈，舞詠停於都邑。歲次大梁，月踵夾鐘，清原大宮，升即天位。道軼軒後，德跨周王，握乾符而總六合，得天統而包八荒。乘二氣之正，齊五行之序，設神理以獎俗，敷英風以弘國。重加智海浩瀚，潭探上古，心鏡煒煌，明睹先代。

於是天皇詔之：朕聞諸家之所齎，帝紀及本辭，既違正實，多加虛偽。當今之時，不改其失，未經幾年，其旨欲滅，斯乃邦家之經緯，王化之鴻基焉。故惟撰錄帝紀，討核舊辭，削偽定實，欲流後葉。時有舍人，姓稗田名阿禮，年是廿八，為人聰明，度目誦口，拂耳勒心。即敕語阿禮，令誦習帝皇日繼，及先代舊辭，然運移世異，未行其事矣。

伏惟皇帝陛下，得一光宅，通三亭育，御紫宸而德被馬蹄之所極，坐玄扈而化照船頭之所逮。日浮重暉，雲散非煙，連柯並穗之瑞，史不絕書，列烽重譯之貢，府無空月。可謂名高文命，德冠天乙矣。於焉惜舊辭之誤忤，正先紀之謬錯，以和銅四年九月十八日，詔臣安萬侶，撰錄稗田阿禮所誦之敕語舊辭，以獻上者。

謹隨詔旨，子細采摭。然上古之時，言意並樸，敷文構句，於字即難，以音訓述者，詞不逮心，全以音連者，事趣更長。是以今或一句之中，交用音訓，或一事之內，全以訓錄。即辭理叵見以注明，意況易解更非注。亦於姓日下謂玖沙訶，於名帶字謂多羅斯，如此之類，隨本不改。大抵所記者，自天地開闢始，以訖於小治田御世。故天御中主神以下，日子波限建鵜草葺不合尊以前為上卷，神倭伊波禮毗古天皇以下，品陀御世以前為中卷，大雀皇帝以下，小治田大宮以前為下卷。並錄三卷，謹以獻上。臣安萬侶誠惶誠恐頓首頓首。

和銅五年正月廿八日，正五位勳五等太朝臣安萬侶謹上

# 卷上

# 一、伊耶那岐命與伊耶那美命

## 天地始分

一

天地始分的時候，生成於高天原的諸神之名號是：天之御中主神，其次是高御產巢日神，其次是神產巢日神。此三神並是獨神，且是隱身之神。[1]

世界尚幼稚，如浮脂然，如水母然，飄浮不定之時，有物如蘆芽萌長，便化為神，名曰宇麻志阿斯訶備比古遲神，其次是天之常立神。此二神亦是獨神，且是隱身之神。[2]

以上五神為別天神。

二

其次生成的諸神的名號是：國之常立神，其次是豐雲野之神。此二神亦是獨神，且是隱身之神。其次生成的諸神的名號是：宇比地邇神，其次是妹須比智邇神，其次是角杙神，其次是妹活杙神，其次是意富斗能地神，其次是妹大斗乃辨神，其次是淤母陀琉神，其次是妹阿夜訶志古泥神，其次是伊耶那岐神，其次是妹伊耶那美神。[3]

以上自國之常立神至伊耶那美神，並稱神世七代（以上二神是獨神，各為一代，其次成雙的十神，各合二神為一代）。

## 諸島之形成

### 三

於是天神乃命令伊耶那岐命，伊耶那美命二神，使去造成那個漂浮著的國土，賜給一枝天枝瓊矛。二神立在天之浮橋上，放下瓊矛去，將海水骨碌骨碌的攪動。提起瓊矛來，從矛頭滴下的海水積累而成一島，是即淤能碁呂島。[4]

### 四

二神降到島上，建立天之御柱，造成八尋殿。於是伊耶那岐命問其妹伊耶那美命道：

「你的身子是如何長成的？」她回答道：

「我的身子都已長成，但有一處未合。」伊耶那岐命道：

「我的身子都已長成，但有一處多餘。想以我所餘處填塞你的未合處，產生國土，如何？」伊耶那美命答道：

「好吧。」於是伊耶那岐命說道：

「那麼，我和你繞著天之御柱走去，相遇而行房事。」即約定，乃說定道：

「你從右轉，我將從左轉。」約定後，繞柱而走的時候，伊耶那美命先說道：

「啊呀，真是一個好男子！」隨後伊耶那岐命才說：

「啊呀，真是一個好女子！」各自說了之後，伊耶那岐命乃對他的妹子說道：

「女人先說，不好。」然後行閨房之事，生子水蛭子，[5]將此子置於蘆舟中，捨使流去。其次生淡島，此亦不在所生諸子數中。

## 五

於是二神商議道：

「今我等所生之子不良，當往天神處請教。」即往朝天神。天神乃命占卜，遂告示曰：

「因女人先說，故不良，可回去再說。」

二神回去，仍如前次繞天之御柱而走。於是伊耶那岐命先說道：

「啊呀，真是一個好女子！」隨後伊耶那美命說道：

「啊呀，真是一個好男子！」

## 六

這樣說了之後，復會合而生淡道之穗之狹別島。其次生伊豫之二名島。此島一身而有四面，每面各有名號，故伊豫國稱為愛比賣，讚歧國稱為飯依比古，粟國稱為大宜都比賣，土左國稱為建依別。其次生隱伎之三子島，又名天之忍許呂別。其次生筑紫島。此島亦一身而有四面，每面各有名號。故筑紫國稱為白日別，豐國稱為豐日別，肥國稱為建日向日豐久士比泥別，熊曾國稱為建日別。其次生伊伎島，又名天比登都柱。其次生津島，又名天之狹手依比賣。其次生佐度島。其次生大倭豐秋津島，又名天御虛空豐秋津根別。因以上八島係最初所生的國土，故日本稱做八大島國。6

## 七

歸後復生吉備的兒島，又名建日方別。其次生小豆島，又名大野手比賣。其次生大島，又名大多麻流別。其次生女島，又名天一根。其次生知訶島，又名天之忍男。其次生兩兒島，又名天之兩屋。自吉備的兒島至天之兩屋島，共計六島。

## 諸神之形成

### 八

生國土既畢，更生諸神。最初生大事忍男神。其次生石土毗古神，其次生石巢比賣神，其次生大戶日別神，其次生天之吹男神，其次生大屋毗古神，其次生風木津別之忍男神，其次生海神，名為大綿津見神。其次生水戶之神，名為速秋津日子之神。其次生妹速秋津比賣之神。自大事忍男神至速秋津比賣神，合計十神。

### 九

此速秋津日子及速秋律比賣二神分任河海的事，所生諸神的名號是：沫那藝神，沫那美神，其次是頰那藝神，頰那美神，其次是天之水分神，國之水分神，其次是天之久比奢母智神，國之久比奢母智神。自沫那藝神至國之久比奢母智神，合計八神。

### 一〇

其次生風神，名為志那都比古神。其次生木神，名為久久能智神。其次生山神，名為大山津見神。其次生原野之神，名為鹿屋野比賣神，又名野椎神。自志那都比古神至野椎神。合計四神。

一一

此大山津見及野椎二神分任山野的事，所生諸神的名號是：天之狹土神，國之狹土神，其次是天之狹霧神，國之狹霧神，其次是天之暗戶神，國之暗戶神，其次是大戶惑子神，大戶惑女神。自天之狹土神至大戶惑女神，合計八神。

一二

其次所生的神的名號是：鳥之石楠船神，又名天之鳥船神。其次生大宜都比賣神，其次生火之夜藝速男神，又名火之炫毗古神，亦名火之迦具土神。伊耶那美命因生此子之故，陰部被灼傷，乃臥病。從所嘔吐之物而生的神名為金山毗古神，金山毗賣神。其次從糞而生的神名為波邇夜須毗古神，波邇夜須比賣神。其次從溺而生的神名為彌都波能賣神。其次是和久產巢日神。此神之子名為豐宇氣毗賣神。[7]伊耶那美命因生火神的緣故，遂爾逝去。自天之鳥船神到豐宇氣毗賣神，合計八神。

伊耶那岐與伊耶那美二神共生島一十四處，神三十五尊。以上為伊耶那美神未逝去以前所生。惟淤能碁呂島並非所生，又水蛭子及淡島亦不列入數中。

## 黃泉之國

一三

於是伊耶那岐命說道：

「親愛的妹子啊，竟因為一個兒子的緣故而喪失了你麼？」乃匍匐於枕邊，復匍匐於足旁而哭。其時從淚而生的神名為泣澤女之神，在香具山畝尾的木本地方。既已逝去的伊耶那美命則葬於出雲國與伯耆國之境的比婆之山。

一四

於是伊耶那岐命拔所佩十握之劍，斬其子迦具土神的脖頸。劍鋒上的血迸濺岩石而生三神，其名號是：石拆神，根拆神，石筒之男神，其次劍莖上的血迸濺岩石而生三神，其名號是：甕速日神，樋速日神，建御雷之男神，又名建布都神，亦名豐布都神。其次劍柄上所積的血從手指間漏出而生諸神，其名號為：暗淤加美神，暗御津羽神。

以上自石拆神至暗御津羽神，合計八神，皆是因劍而生的諸神。

一五

被殺的迦具土神的頭化為神，名為正鹿山津見神。其次胸所化者名為淤滕山津見神。其次腹所化者名為奧山津見神。其次陰所化者名為暗山津見神。其次左手所化者名為志藝山津見神。其次右手所化者名為羽山津見神。其次左足所化者名為原山津見神。其次右足所化者名為戸山津見神。自正鹿山津見神至戸山津見神，合計八神。斬火神的劍名為天之尾羽張，亦名伊都之尾羽張。[8]

## 一六

伊耶那岐命欲見其妹伊耶那美命，遂追往至於黃泉之國。[9]女神自殿堂的羨門出來，伊耶那岐命乃說道：

「親愛的妹子，我和你所造的國土尚未完成，請回去吧。」伊耶那美命答道：

「可惜你不早來，我已吃了黃泉灶火所煮的食物了。但承親愛的吾兄遠道而來，我願意回去。且去和黃泉之神相商，請你切勿窺看我。」這樣說了，女神退人殿內，歷時甚久。伊耶那岐命不能復待，拿下左髻所插的木櫛，取下旁邊的一個櫛齒，點起火來，進殿看時，乃見女神身上蛆蟲聚集，膿血流溢，大雷在其頭上，火雷在其胸上，黑雷在其腹上，拆雷在其陰上，稚雷在其左手，土雷在其右手，鳴雷在其左足，伏雷在其右足，合計生成雷神八尊。

## 一七

伊耶那岐命見而驚怖，隨即逃回。伊耶那美命說道：

「你叫我來出了醜啦。」即差遣黃泉醜女往追。伊耶那岐命乃取黑色葛鬘，拋在地上，即生野葡萄。在醜女摘食葡萄的時候，伊耶那岐命得以逃脫。但不久又復追來，乃取插在右鬢的木櫛，擘下櫛齒，拋在地上，即化為竹筍。在醜女拾食竹筍的時候，伊耶那岐命又得以逃走。其後伊耶那美命更遣八雷神，率領千五百名黃泉軍來追。伊耶那岐命拔所佩十握之劍，向後面且揮且走。直追至黃泉比良坂之下。伊耶那岐命取坂下所生桃實三個，俟追者近前，將桃子拋去，遂悉逃散。伊耶那岐命對桃子說道：

「像你現在幫助我一樣，生在葦原中國的眾生遇見憂患的時候，你也去幫助他們吧！」遂賜名曰大神實命。[10]

## 一八

最後伊耶那美命親自追來，伊耶那岐命乃取千引石，堵塞黃泉比良坂。二神隔石相對而立，致訣別之詞。其時伊耶那美命說道：

「我親愛的兄，因為你如此行為，我當每日把你的國人扼死千名！」伊耶那岐命答道：

「我親愛的妹，你如這樣，我每日建立產室千五百所！」因此一日之中必死千人，一日之中亦必生千五百人。伊耶那美命故又稱為黃泉津大神，因曾追到此地，故又稱道敷大神。
[11]堵塞黃泉坂的大石稱為道反大神，又稱塞坐黃泉戶大神。所謂黃泉比良坂即今出雲國之伊賦夜坂。

## 祓除

### 一九

於是伊耶那岐命說道：

「我到很醜惡很汙穢的地方去過，所以須得祓除我的身體。」乃至筑紫日向之桔小門之阿波岐原，舉行祓除。其時從所拋棄之杖生長的神，名為衝立船戶神，其次從所拋棄之帶生長的神名為道之長乳齒神，其次從所拋棄之袋生長的神名為時置師神，其次從所拋棄之衣生長的神名為和豆良比能宇斯神，其次從所拋棄之褌生長的神名為道俁神，其次從所拋棄之冠生長的神名為飽咋之宇斯神，其次從所拋棄之左手串生長的神名為奧疏神，奧津那藝佐毗古神，奧津甲斐辨羅神，其次從所拋棄之右手串生長的神，名為邊疏神，邊津那藝佐毗古神，邊津甲斐辨羅神。

自船戶神至邊津甲斐辨羅神十二神，皆因拋棄身上所著諸物而成之神。

## 二〇

於是伊耶那岐命說道：

「上流流急，下流流緩。」乃入於中流，沉沒洗滌，其時所生之神名為八十禍津日神，大禍津日神。此二神者，即因往汙穢的黃泉國時所得垢汙而生之神也。其次為消除此禍而生之神名為神直毗神，大直毗神，伊豆能賣神。其次在水底洗滌時生長之神，名為底津綿津見神，底筒之男命。在水中洗滌時生長之神，名為中津綿津見神，中筒之男命。在水上洗滌時生長之神，名為上津綿津見神，上筒之男命。此綿津見神三尊為阿曇族所祀為祖神之尊神。阿曇族者即此綿津見神之子宇都志日金拆命之後也。底筒之男命，中筒之男命，上筒之男命三尊，係墨江之三大神。

## 二一

伊耶那岐命洗左目時所生的神名為天照大御神。其次洗右目時所生的神名為月讀命。其次洗鼻時所生的神名為建速須佐之男命。[12]

自八十禍津日神至建速須佐之男命十四神，皆因洗滌身體而生之神。

二二

此時伊耶那岐命大喜說道：

「我生子甚多，今最後乃得貴子三人。」因取下頸上的玉串，琮琮地拿在手裡搖著，賜給天照大御神，命令道：

「你去治理高天原去。」此頸串稱為御倉板舉之神。其次命令月讀命道：

「你去治理夜之國去。」其次命令建速須佐之男命道：

「你去治理海原去。」

二三

天照大御神與月讀命依了父神的命令各去治理，只有建速須佐之男命不去治理他的國土，八握之鬚垂至胸前，卻還在哭鬧。他的哭泣大有將青山哭枯，成為荒山，將河海悉皆哭乾之概。以是惡神的聲音如五月蠅似的到處起鬨，種種災禍都起來了。伊耶那岐命乃問建速須佐之男命道：

「你為什麼不去治理所命令的國土，卻盡在哭鬧？」建速須佐之男命答道：

「我想往母親的國土，根之堅洲國去，所以哭泣。」於是伊耶那岐命大怒，說道：

「那麼，你不必在這個國裡住著了！」遂將建速須佐之男命驅逐出去。[13]伊耶那岐命今在淡海的多賀地方。[14]

1 天之御中主神，意云在宇宙中央之主者，代表宇宙之根本。產巢日神，《日本書紀》一本作產靈神，代表宇宙之生成力。有二神者，陰陽二儀也。「隱身」即「現身」之對，謂存於幽冥中，不出現於世間。

2 宇麻志阿斯訶備比古遲神，《日本書紀》一本寫作可美葦牙彥舅尊，因蘆芽得名。天之常立神，蓋司天之四極之神，「常」訓作「極」云。

3 國之常立神司地之四極，豐雲野之神係代表泥沼者，以上皆無性別的獨身神；宇比地邇神以下則皆兩性對立的神，妹字係泛指女性之詞。神明解釋從略，大抵皆代表大地之生成力者也。伊耶那岐伊耶那美二神之名，本於伊耶那，義曰招曰引，「岐美」係男女之美稱。二神後文稱曰「命」，《日本書紀》則寫作「尊」，古注家云：「尊與命同號美登許（Mikoto），猶如言御事也。」

4 淤能呂島意云自然凝結之島，因其由來命名，並不指一定的場所。

5 水蛭子據《日本書紀》云：「雖已三歲，腳猶不立」，蓋言不具。因女子先發言，所生之子皆不良，或云古人思想如此，或云受中國儒教影響的傳說。

6 地名意義多有未詳者，今悉從略。末尾「別」字悉係尊稱，義曰長上。「比賣」原意為「日女」，後來多寫作「媛」字，「比古」即「日子」，今寫作「彥」字。此二字為男女之美稱。

7 大宜都比賣為食神，「宜」與「宇氣」同訓作「食」，豐宇氣毗賣可寫作豐食姬，亦為掌食物之神。金山二神為礦山神，波邇夜須意云煉泥，係泥土肥料之神。彌都波能賣意云水利女神，肥料或灌溉之神，和久產巢日又寫作稚產靈神，亦司五穀生長之神也。自天之鳥船神以下共計十神，惟本文云八神，今仍之。

8 八神皆山神，次田潤注謂蓋因於深山幽谷中造劍之聯想而命名。「尾羽張」意云鋒棱銳利，「伊都」意云嚴肅。

9 「黃泉之國」原文云「夜見之國」，意即冥土。《日本書紀》稱作「根國」，《祝詞》又稱作「底國」，謂在地下，但有時也已為即在現世，如下文第一八節謂即在出雲地方，猶中國之說在四川酆都府也。

10 用桃實擊退黃泉醜女等，《日本書紀》引一書曰，「此用桃避鬼之緣起也」，蓋係中國桃弧棘矢的影響。「葦原之中國」即指日本。「眾生」原文云「宇都志伎青人草」，意云現世的青草似的人民，《日本書紀》寫作「顯見蒼生」。

11 「千引石」《日本書紀》又寫作「千人所引磐石」，意謂千人之力才能轉動。道敷大神之「敷」係「及」字之替代字，猶云追及。

12 據神話學的自然現象解釋，天照大御神與月讀命為日月之神，建速須佐之男命則為暴風雨神，普通依照《日本書紀》寫作「素盞嗚尊」。但第三一節以後，建速須佐之男命又轉為人文神話的英雄，成為人文英雄之一了。

13 本文說建速須佐之男命為伊耶那岐命洗滌鼻子時所生之神，但這裡仍承認伊耶那美為母親。《日本書紀》引一書云：（原本漢文）「既而伊奘諾尊伊奘冊尊（即伊耶那岐伊耶那美）共議曰：吾已生大八洲國及山川草木，何不生天下之主者歟。於是共生日神，號大日靈貴，此子光華明彩，照徹於六合之內。故二神喜曰，吾息雖多，未有若如此靈異之兒。不宜久留此國，自當早送於天，而授以天上之事。是時天地相去未遠，故以天柱舉於天上也。次生月神，其光彩亞目，可以配日而治。故亦送之於天。次生蛭兒，雖已三歲，腳猶不立，故載之於天磐豫樟船而須風放棄。

次生盞嗚尊。」

14 本節末句係獨立，即用以結束伊耶那岐命的事，並以說明多賀神社之緣起。《日本書紀》云：「是後伊奘諾等神功既畢，靈運當遷，是以構幽宮於淡路之洲，寂然長隱者矣。」即是同紀一事，惟因用漢文體，所以說得如此繁縟了。

# 二、天照大御神與建速須佐之男命

## 誓約

二四

於是建速須佐之男命說道：

「那麼，我去和天照大御神告別吧。」便上天去，山川悉動，國土皆震。天照大御神聽見出驚道：

「我弟來必無好意，恐欲強奪我的國土。」即解髮結成男髻，左右髻的髮鬘上以及左右手上，均掛上許多美麗的八尺勾玉的串飾，背負千枝的箭筒，胸懸五百枝的箭筒，臂上著威嚴的竹鞆，搖動弓梢，頓足陷地，蹴散堅土有如微雪，雄武地等著建速須佐之男命的到來，問道：

「你為什麼事上來的？」建速須佐之男命答道：

「我並沒惡意，只因大神問我哭鬧之事，我說想往母親的國去，所以哭的。大神說，那麼你不必再在這裡，被趕出來了。我就想往母親的國去，要告訴阿姊一聲，所以上來了，並無別的意思。」天照大御神問道：

「那麼你的心的潔白怎樣能夠知道呢？」於是建速須佐之男命說道：

「各立誓而生子吧。」

## 二五

於是二神置天安河於中間而立誓。其時天照大御神先取建速須佐之男命所佩十握之劍，折為三段，在天之真名井裡揮洗，戞戞地咬了，從噴出的霧氣裡生出的神名為多紀理毗賣命，又名奧津島比賣命，其次市寸島比賣命，又名狹依毗賣命，其次多岐津比賣命，共三尊。建速須佐之男命取天照大御神纏在左髻上的美麗的八尺勾玉的串飾，琅琅地響著，在天之真名井裡振滌，戞戞地咬了，從噴出去的霧氣裡生出的神名為正勝吾勝勝速日天之忍穗耳命，又取纏在右髻上的勾玉，戞戞地咬了，從噴出去的霧氣裡生出的神名為天之菩比命。又取纏在鬘上的勾玉，戞戞地咬了，從噴出去的霧氣生出的神名為天津日子根命，又取纏在左手的勾玉，戞戞地咬了，從噴出去的霧裡生出的神名為活津日子根命，又取纏在右手的勾玉，戞戞地咬了，從噴出去的霧裡生出的神名為熊野久須毗命，共五尊。於是天照大御神告建速須佐之男命道：

「後來所生的五尊男神，是以我的東西為種子而生成的，所以是我的子女；前生的三尊女神，是以你的東西為種子而生成的，所以是你的子女。」1

二六

其先所生的神多紀理毗賣命，在胸形之奧津宮，次市寸島比賣命，在胸形之中津宮，次多岐津比賣命在胸形之邊津宮。此三尊為胸形君一族所奉的大神。後生的五尊之中，天之菩比命之子為建比良鳥命，是出雲國造，無耶志國造，上菟上國造，下菟上國造，伊自牟國造，津島縣直，遠江國造等的先祖。次天津日子根命是凡川內國造，額田部湯坐連，茨木國造，倭田中直，山代國造，馬來田國造，道尻岐閉國造，周芳國造，倭淹知造，高市縣主，蒲生稻寸，三枝部造等的先祖。

## 天之岩戶

二七

於是建速須佐之男命對天照大御神說道：

「因為我的心是潔白的，我生了柔和的女子。這樣看來，自然是我勝了。」這樣說著，便乘勝胡鬧起來，毀壞天照大御神所造的田塍，填塞溝渠，並且在嘗新的殿堂上拉屎。但是天照大御神並不譴責他，替他解說道：

「那好像是屎的是因為喝醉了嘔吐的東西吧。毀壞田塍，填塞溝渠，大約因為地面可惜，所以那樣做的吧。」建速須佐之男命的胡作非為卻不止歇，而且加甚了。當天照大御神在淨殿內織衣的時候，他毀壞機室的屋頂，把天之斑馬倒剝了皮，從屋上抛了進來。天衣織女見了吃驚，梭衝了陰部，就死去了。於是天照大御神驚恐，關閉天之石屋的門，隱藏在裡邊。高天原立即黑暗，葦原中國亦悉幽暗，變成永久之夜。於是惡神的聲音如五月蠅似的到處起鬨，種種災禍都起來了。

## 二八

於是八百萬眾神聚集於天安之河原，依了高御產巢日神之子思兼神的計畫，招集長夜之長鳴鳥使之鳴唱，取天安之河上的天堅石，採天金山的鐵，招冶工天津麻羅，使伊斯許理度賣命作鏡，使玉祖命作美麗的八尺勾玉的串飾，使天兒屋命布刀玉命取天香山牡鹿的整個肩骨，又取天香山的樺皮，舉行占卜，拔取天香山連根的神木，上枝掛著美麗的八尺勾玉的串飾，中枝掛著八尺之鏡，下枝掛著青布白布，作為御幣，使布刀玉命持幣，天兒屋命致禱。又使天手力男命立在岩戶的旁邊，天宇受賣命以天香山的日影蔓束袖，以葛藤為髮鬘，手持天香山的竹葉的束，覆空桶於岩戶之外，腳踏作響，恣意舞蹈，狀如神憑，胸乳皆露，裳紐下垂及於陰部。於是高天原震動，八百萬眾神哄然大笑。

## 二九

天照大御神覺得詫異，稍開天之岩戶從裡邊說道：

「我隱居此處，以為高天原自然黑暗，葦原中國也都黑暗了，為甚天宇受賣命還在舞蹈，八百萬眾神這樣歡笑呢？」於是天宇受賣命回答道：

「因為有比你更高貴的神到來了，所以大家歡喜笑樂。」這樣說著的時候，天兒屋命及布刀玉命舉起鏡來，給天照大御神看。天照大御神更覺得詫異，略略走出門外來看，隱藏著的天手力男命即握住她的手，拉了出來。布刀玉命急忙將注連掛在後面，說道：

「以內不得進去。」天照大御神即出岩戶，高天原與葦原中國都自然明亮起來了。於是八百萬眾神共議，罰建速須佐之男命使出祓罪獻物千臺，並切取上鬚，拔去手腳指爪，驅逐出去。[2]

1 《日本書紀》云，素盞嗚尊說道：「夫誓約之中，必當生子，如吾所生是女者，則可以為有濁心，若是生男，則可以為有清心。」可見所記生五男，即以證明他的本無惡意，《古事記》如此說，便不很清楚。

2 天照大神躲入天之岩戶，世界變得黑暗，由天宇受賣命騙她出來窺看，天手力男命拉了出來，於是世上復有太陽。這是很簡單的自然神話，但中間插有照鏡一節，乃是民間故事的，俗說商人買鏡回家，其婦窺鏡謂蓄外婦，姑及地方官見之，又各誤解，為各地通行的笑話，但見於古書當以此為最早了。「注連」係用《顏氏家訓》原語，《日本書紀》寫作「端出之繩」。用稻草左綯，約間隔八寸，散垂稻草七，次五，再次三根，故又稱左繩或七五三繩，用作禁止出入的標誌，常掛在神社入口，今正月人家門口亦猶用之，蓋以辟不祥。

# 三　建速須佐之男命

## 穀物的種子

三〇

又乞食於大氣津比賣神。[1]於是大氣津比賣神從口鼻及肛門取出種種美味，做成種種食品而進之。建速須佐之男命窺見她的所為，以為她以穢物相食，遂殺大氣津比賣神。從被殺的神的身體上生出諸物：頭上生蠶，兩眼生稻，兩耳生粟，鼻生小豆，陰部生麥，肛門生大豆。神產巢日御祖命使人採集，即為穀類之種子。

## 八岐的大蛇

三一

建速須佐之男命既被逐，乃到出雲國肥河之上叫作鳥發的地方。其時有筷子從河裡流了來，因想到上流有人住著，遂去尋訪，乃見老翁老婆二人，圍著一個少女正在哭泣。於是建速須佐之男命問道：

「你們是誰呀？」老翁說道：

「我乃是本地的神，大山津見神的兒子，叫作足名推。我的妻名叫手名椎，女兒的名字是櫛名田比賣。」[2]建速須佐之男命又問道：

「那麼，你哭的理由是為什麼呢？」老翁答道：

「我的女兒本來有八個。這裡有高志地方的八岐的大蛇，每年都來，把她們都吃了。現在又是來的時候了，所以哭泣。」建速須佐之男命問道：

「那個八岐的大蛇，是怎麼樣的形狀呢？」老翁說道：

「它的眼睛像紅的酸漿，身體一個卻有八個頭和八個尾巴。又在它的身上生著苔蘚檜杉之類，身長橫亙八個山谷，八個山峰，看它的肚腹常有血，像糜爛的樣子。」[3]

三二

於是建速須佐之男命對老翁說道：

「既然是你的女兒，你肯將她給我嗎？」老翁說道：

「惶恐得很，只不知道你的名字。」建速須佐之男命答道：

「我是天照大御神的兄弟，現在剛才從天上下來。」於是足名椎與手名椎二神說道：

「真是惶恐的事，那麼就將女兒送上吧。」[4]於是建速須佐之男命乃將閨女變作木梳，插在頭髮上，又吩咐足名椎、手名椎二神道：

「你們可去釀加重的酒，[5]又作籬笆回繞起來，做八個入口的地方，每個入口做八個臺，臺上各放一個酒槽，放滿了加重的酒，等待著好了。」照了所吩咐的那樣設備了等待著的時候，那個八岐的大蛇真如所說的來了。乃就每個酒槽，伸進一個頭去，喝那酒吃，於是醉了，就留在那裡寢著了。建速須佐之男命乃取所佩的十握的劍，把大蛇切成幾段，肥河的水都變成血流了。剛切到大蛇的尾部的時候，劍刃略為有點缺壞了。覺得有些奇怪，用劍尖割開來看，裡邊有一把鋒利的大刀。建速須佐之男命拿起這把大刀來，覺得這是奇異的東西，對天照大御神說明緣故，獻給她了。這就是草薙大刀。[6]

## 三三

於是建速須佐之男命在出雲國，尋求造宮殿的地方。到了須賀的地方，說道：

「我來到此地，覺得心裡清清爽爽的。」便在其地造起宮殿來了。因此這個地方到了現在也被稱作須賀。這位大神初造須賀宮的時候，從那地方升起許多雲氣來。所以建速須佐之男命作起歌來，其歌曰：

「雲氣何蒙茸，
出雲的八重垣，

造那八重垣，
與妻共居的，
那個八重垣啊！」
於是又召足名椎神來說道：
「你就成為我的宮殿的長吧。」定名曰稻田宮主須賀之八耳神。

## 世系

### 三四

於是與櫛名田比賣交會而生的神名為八島士奴美神。又娶大山津見神之女，神大市比賣而生子，名大年之神，其次為宇迦之御魂，凡二尊。兄八島士奴美神娶大山津見神之女，木之花知流比賣而生子，名為布波能母遲久奴須奴神。此神娶淤迦美神之女，日河比賣而生子，名為深淵之水夜禮花神，此神娶天之都度閉知泥神而生子，名為淤美豆奴神。此神娶布怒豆怒神之女，布帝耳神而生子，名為天之冬衣神。此神娶刺國大神之女，刺國若比賣而生子，名為大國主神，又名大穴牟遲之神，亦名葦原色許男之神，又名八千矛神，亦名宇都志國玉神，共有五名云。

1 此節與上下文不相連接，其間蓋有缺文，用「又」字起頭，可知是同類記事之一則，蓋是說建速須佐之男命被放逐後漂流事蹟也。

2 本地的神猶言國土的先住人民的首領，固足名椎、手名椎二人下文亦稱二神。

3 形容大蛇可怕的眼睛乃云「像紅的酸漿」，其幼稚處也是從民間故事來的。酸漿之實鮮紅可愛，為兒童所喜，但以形容大蛇的目光，則是很特別的。酸漿是書本的名號，俗名燈籠草或云紅燈籠。

4 這裡所說的「惶恐」，與上文問他名字的時候所說，同樣的意義，都是用於長上的客氣話，猶中國古代的「誠惶誠恐」。

5 「加重的酒」謂以酒再釀，原文「八鹽折之酒」，即絞取酒汁，重釀更濃郁之酒也。

6 草薙大刀普通多寫作「草薙劍」，依據《日本書紀》上說：「中有一劍，此所謂天叢雲劍也。」其命名緣起，據《古語拾遺》云：「大蛇之上常有雲氣，故以為名。」草薙的故事，見下文第一二五節倭建命（日本武尊）的東征的時候，在大野中被敵人縱火焚燒，倭建命用劍薙草得免。

# 四、大國主神

## 兔與鱷魚

三五

這個大國主神有許多弟兄。但是大家都將國土讓給大國主神，這讓國的緣故是，眾神都想同稻羽的八上比賣結婚，所以一起往稻羽走去，其時叫大穴牟遲神（即大國主神）背著袋子，做為從僕，帶了前去。走到氣多崎的地方，看見有一隻赤裸無毛的兔子，趴在那裡。眾神對那兔子說道：

「你可在海水裡洗浴，當著風吹著，去睡高山的嶺上好了。」那兔子依著眾神所教，去到山上睡著。可是海水乾了之後，身上皮膚被風所吹裂，痛得伏在那裡哭泣。最後來了大國主神，看見兔子問道：

「你為什麼伏在這裡哭呢？」兔回答道：

「我在淤岐島裡，想到這裡來，但是沒有渡海的法子，於是就騙海裡的鱷魚說，我同你們來比賽一下誰的族類更多吧。你們把一族都叫來，從這個島到氣多崎排列趴著，我從上邊走著計算，就可以知道同我的一族是誰更多了。這樣說了欺騙他們，在排列趴著的時候，我便在上邊走著渡過海來，剛要下地時我便說我騙了他們了，話剛說了，趴在末端的鱷魚把我抓住，將我的衣服完全剝去了。因此悲泣，其時遇著眾神經過，教在海水裡洗過澡，當風睡著，依著所教的話做了，我的身體全都損壞了。」於是大國主神教那兔子道：

「你趕快到那水口去，拿清水洗淨身體，取水口的蒲草的花粉散在地上，在這上邊打滾，你的身體一定可以治好，像從前一樣。」兔子依照所教的做了，身體變成從前一樣。這就叫做稻羽的素兔，現今稱為兔神。於是兔子大為喜歡，對大國主神說道：

「那許多眾神必定得不到八上比賣。但是你，雖然是背著袋子，卻能得到她。」1

## 蚶貝比賣與蛤貝比賣

### 三六

於是八上比賣對眾神說道：

「我不聽你們所說的話。我將嫁給大穴牟遲神。」因此眾神大怒，共議殺害大國主神，至於伯伎國的手間山麓，對他說道：

「這山裡有一隻紅的野豬。我們去趕它下來，你等著抓住它，若不等著抓住它，它必將殺了你。」這樣說了，把一塊像野豬的大石頭用火燒紅了，從上邊滾下來。於是他趕下來想把它抓住的時候，被這石頭燒傷，便死去了。其母神悲泣，乃上天去，請於神產巢日之命，乃遣蚶貝比賣與蛤貝比賣下來，使他復活了。蚶貝比賣刮下殼粉，聚集起來，蛤貝比賣拿水出來，同母親的乳汁一樣的，塗在上面，變成〔原來的〕壯健的男子走出來了。2

## 根之堅洲國

### 三七

他又被眾神所看見，被騙了帶到山裡去，先把大樹切開，中間打下楔子，卻叫大國主神走到裡邊去，再把楔子打開，把他夾死了。於是他的母神又哭泣著尋找，好容易尋著了，劈開這樹取了出來，把他弄活過來了。她對他說道：

「你在這裡，恐怕終於要被眾神所殺害的吧。」便叫他逃到木國的大屋毗古神那裡去。於是眾神追尋來了，剛要用箭射去的時候，他卻從樹杈中間鑽過去逃走了。

### 三八

於是母神說道：3

「你可往建速須佐之男命所在的根之堅洲國去，大神一定能夠好好地謀畫吧。」依照所吩咐的走去，到了建速須佐之男命那裡，建速須佐之男命的女兒須勢理毗賣出來看見，與約為夫婦，回去告訴父親道：

「有很壯麗的神到來了。」於是大神出來看了說道：

「這乃是葦原色許男命。」大國主神便叫進來，使睡在蛇屋裡面。其妻須勢理毗賣把一塊辟蛇的巾[4]交給其夫，說道：

「假如那蛇想要咬你，將這巾搖動三遍，打退它吧。」於是大國主神依照所說的做了，蛇自然安靜下去，可以安然的睡覺了。到了第二天夜裡，被領到蜈蚣與胡蜂的屋裡，又交給他辟蜈蚣與胡蜂的巾，與以前教的一樣做了，故得平安無事。其次把鳴鏑射人大野之中，叫大國主神去取回那箭來，隨後即放火燒那原野。大國主神不知道從哪裡能夠出去，有一匹老鼠走來，對他說道：

「裡頭空空洞洞，外面狹狹小小。」這樣的說了，大國主神乃踐踏其地，即陷落了進去，躲在裡面的時候，火就燒過去了。於是老鼠銜了那鳴鏑出來給他，至於那箭上的羽毛，悉由小鼠們吃光了。

## 三九

於是其妻須勢理毗賣拿了送葬的東西，哭著來到原野。岳父建速須佐之男命也以為已經死了，到了原野卻見大國主神拿著箭來還他，便又帶回家裡來，叫到幾間屋大的房子裡，給他取頭上的蝨子。看那頭的時候，有許多的蜈蚣。於是其妻以椋樹的實及赤土授其夫，乃咬椋實使破，並含赤土，唾出之，大神以為嚙碎蜈蚣吐出，心裡覺得佩服，便睡著了。於是大國主神取大神的頭髮，就屋內椽子每根都繫縛了，又取大岩石堵住了門口，便背了其妻須勢理毗賣，拿了大神的寶物大刀弓矢和天沼琴逃走了。這時候天沼琴碰在樹上，發出聲音，睡著的大神聽見了出驚，把那房屋都拉倒了。但是在解開那縛在椽子上邊的頭髮的時候，他們已經逃得很遠了。直追到黃泉比良坂，遠遠望見大國主神，遂呼大國主神道：

「你拿了你所有的大刀弓矢，將你的庶兄弟眾神追及於坂上，趕散於河原，自己立為大國主神，亦是宇都志國玉神。[5]將我的女兒須勢理毗賣做為正妻，在宇迦能山山麓，大磐石上豎立宮柱，向高天原高建棟梁，在那裡住吧。你這東西！」[6]大國主神拿了那大刀弓矢追趕眾神的時候，每於坂上追及，每於河原趕散，乃開始建立國土。

## 四〇

那個八上比賣如從前所約定，與共寢處。這個八上比賣雖然前來，但因為畏懼嫡妻須勢理毗賣，故將其所生的兒子挾在樹杈裡，回到本國去了。因此其子名為樹杈神，亦名御井神。

## 八千矛神的歌話

### 四一

這個八千矛神將求婚於高志國的沼河比賣，到了沼河比賣的家裡，乃作歌道：

「八千矛尊神，
在八島國裡找不到妻子，
在遠遠的高志國裡，
聽說有賢淑的女人，
聽說有美麗的女人，
跑去去求婚，
走去去求婚，
大刀的繩索還沒有解，
外套的衣服也沒有脫，
在姑娘的睡著的門板上，
站著推了來看，
站著拉了來看，
青山上怪鵼已經叫了，

野鳥的雉雞也喚了起來，
家禽的雄雞也叫了。
可憎呀那些叫的鳥，
把這種鳥都收拾了吧！
急走的帶信的使者，
這事情就是這樣的傳說吧。」[7]

## 四二

沼河比賣其時不曾開戶，於是從裡邊作歌道：
「八千矛尊神啊，
我是弱草似的一個女人，
我的心是住在水邊的鳥啊。
在今日還是水鳥，
後來總是你的鳥吧。[8]
願得保全不至早死啊！
急走的帶信的使者，

這事情就是這樣的傳說吧。」

四三

「青山上太陽隱藏下去了，
漆黑的夜就來了。[9]
像朝陽似的笑著來到這裡，
雪白的你的雙腕，
將抱著柔雪似的酥胸，[10]
互相擁抱著，
枕著雙雙的玉手，
伸長著腿安睡吧。
不要那樣的著急吧，
八千矛尊神啊！

這事情就是這樣的傳說吧。」

因此這一夜裡不曾會合，到了第二天的夜裡，他們乃會合了。

## 四四

又這神的嫡后須勢理毗賣很是嫉妒。夫君對此甚為憂慮，從出雲國上大和國去，預備啟行的時候，一隻手按在馬鞍上，一隻腳踏在腳鐙上，乃作歌道：

「射干色的衣服，
仔細的穿在身上
水鳥似的鼓起胸脯來看，
拍拍翅膀也不合適，[11]
在水邊脫下捨棄了。
翡翠色的青衣服，
仔細的穿在身上，
水鳥似的鼓起胸脯來看，
拍拍翅膀也不合適，
在水邊脫下捨棄了。
把山田裡種著的茜草舂了，
用染料的木汁所染的衣服，
仔細的穿在身上，

水鳥似的鼓起胸脯來看，
拍拍翅膀倒是合適了。
親愛的我的妹子啊。
假如群飛的鳥似的群飛走了，
假如引走的鳥似的引走了，
你雖說是不哭，
恐怕是像山地的孤生茅草似的，
低下了頭要哭了吧，
像朝雨的霧氣的嘆息了吧，
嫩草似的我的妻啊！
　這事情就是這樣的傳說吧。」

## 四五

於是王后取了酒杯，走近了舉起來，作歌道：
「八千矛尊神啊，
我的大國主神。

你到底是男子，
可以到各島的角落，
可以到海岸的各處，
娶到嫩草似的妻子。
我因為是女人，
在你之外沒有男子，
在你之外沒有丈夫。
請你在低垂的錦帳底下，
柔軟溫暖的衾被底下，
白楮的衾被摩擦的聲音裡，
抱著柔雪似的酥胸，
用雪白的你的雙腕，
互相擁抱著，
枕著雙雙的玉手，
伸長著腿安睡吧。
請你受這美酒的貢獻吧。」

於是交互舉杯，各以手搭其肩上，至今鎮坐其地。這些歌名為神語的歌。[12]

## 世系

### 四六

此大國主神娶在胸形之奧津宮的多紀理毗賣命而生的兒子，名為阿遲祖高日子根神，其次是妹高比賣命，又名下光比賣命。此阿遲祖高日子根神，即今又稱為迦毛大御神者是也。大國主神又娶神屋楯比賣命而生的兒子，名為事代主神。又娶八島牟遲能神的女兒鳥耳神而生的兒子，名為鳥鳴海神。此神娶日名照額田毗道男伊許知邇神而生的兒子，名為國忍富神。此神娶葦那陀迦神又名八河江比賣而生的兒子，名為速甕之多氣佐波夜遲奴美神。此神娶天之甕主神的女兒前玉比賣而生的兒子，名為甕主日子神。此神娶淤加美神的女兒比那良志毗賣而生的兒子，名為多比理岐志麻流美神。此神娶比比羅木之其花麻豆美神的女兒活玉前玉比賣神而生的兒子，名為美呂浪神。此神娶敷山主神的女兒青沼馬沼押比賣而生的兒子，名為布忍富鳥鳴海神。此神娶若晝女神而生的兒子，名為天日腹大科度美神。此神娶天狹霧神的女兒遠津待根神而生的兒子，名為遠津山岬多良斯神。

從八島士奴美神以下，至遠津山岬多良斯神，稱為十七世的神。

## 少名毗古那神

### 四七

大國主神在出雲的御大之御崎的時候，從浪花上有神人乘了雀瓢的船，[13]穿著整個剝下的蛾皮的衣服，到了那裡。問他名字，並不回答，尋問跟從的眾神，也沒有人知道。其時有癩蛤蟆說道：

「若是去問久延毗古，必定可以知道。」就叫久延毗古來問時，他答說道：

「這是神產巢日御祖命的兒子，少名毗古那神是也。」[14]於是走去告訴神產巢日御祖命，答說：

「這實在是我的兒子，在兒子的中間，乃是從我手指間漏出去的。同你葦原色許男命可以成為兄弟，把國土建設完成吧。」自此以後，大穴牟遲命同少名毗古那命兩位尊神，相並建設了國土。然後那個少名毗古那命便渡到海那邊去了。至於那說明少名毗古那命的來源的久延毗古，那就是現今所說的案山子。[15]這位神道腳雖然不能走，可是天下的事情卻都能夠知道。

## 御諸山之神

### 四八

於是大國主神心裡憂愁，說道：

「我一個人怎麼能夠建設這國土呢？有什麼神道能同我一起建設起來呢？」這時候有光照海上，走近來的一位神道，說道：

「對我好好的照應，我就一起建設吧。若是不然，國土難以成就。」於是大國主神說道：

「那麼，要哪樣照應呢？」回答說道：

「把我在圍繞著大和國青山的東山上邊，奉祀著吧。」這就是御諸山之神是也。

## 大年神的世系

### 四九

大年神娶神活須毗神的女兒伊怒比賣而生的兒子，名為大國御魂神，其次韓神，其次曾富理神，其次向日神，其次聖神，凡五尊。又娶香用比賣而生的兒子，名為大香山戶臣神，其次御年神，凡二尊。又娶天知迦流美豆比賣而生的兒子，名為奧津日子神，其次奧津比賣命，亦名大戶比賣神。此即諸人所祀的灶神是也。其次大山咋神，又名山末之大主神。此神在近淡海國的日枝山，亦在葛野的松尾，所謂鳴鏑神是也。其次庭津日神，其次阿須波神，其次波比岐神，其次香山戶臣神，其次羽山戶神，其次庭高津日神，其次大土神，又名土之御祖神，凡九尊。

以上自大年神的兒子大國御魂神至大土神，合計十六神。

羽山戶神娶大氣都比賣而生的兒子，名為若山咋神，其次若年神，其次妹若沙那賣神，其次彌豆麻岐神，其次夏高津日神，又名夏之賣神，其次秋比賣神，其次久久年神，其次久久紀若室葛根神。

以上自羽山戶神的兒子若山咋神至若室葛根神，合計共八神。

1 這裡所謂鱷魚，並非熱帶地方的那種，乃是指鯊魚的一種，所謂鱷鯊者是也，產於北陸山陰地方，至今其地仍呼為鱷魚。素兔雖可作白兔講，但本義為無毛的兔，兔神云云蓋古代動物時代的名稱。

2 上節用蒲黃敷於皮膚潰爛處，這里用貝殼粉和水塗火傷，都是民間療法的一斑，至今尚流傳於鄉間。母親遇小兒小有創傷，輒用乳汁或唾液塗之，並唱咒語，與這裡所說亦有相同之處。

3 「於是母神說道」，這一句話原本沒有，或說應作「大屋毗古神告曰」，義似較長，今姑據本居宣長校本增加。

4 巾是領巾，乃古代女子服裝的一種飾物，這裡云蛇的領巾，或云蜈蚣胡蜂的領巾，實在乃是辟蛇蟲的帶有符咒意味的東西，不是平常的領巾了。

5 宇都志國玉神本義云「現國御魂」，即現國的守護神，此為大國主神五名之一。其一為大穴牟遲神，意云大地所有，義與大國主相同。又名葦原色許男，葦原指日本，色許意雲威力，又名八千矛神，亦示威武，猶云持八千矛之神。

6 原語云「是奴」，本是罵詈語，但亦用佩服親愛，至今猶有此習慣用法。

7 此二行在此並無意義，但以下三首均有，疑是後人奏於舞樂時所加入。

8 此句本解作「和鳥」，意思是風波平和時水鳥，近解作「何鳥」，意與「汝鳥」相通，今從其說。

9 此處意云青山上的今日的太陽落下，即是說到了夜晚的意思。「漆黑的夜」原文云「射干似的夜」，射干的實色黑，詩歌上習慣以形容黑色的東西，下文黑色的衣服即以此為形容。

10 原意云泡沫的雪似的年輕的胸脯，今譯存大意。

11 用水鳥作比，水鳥挺著胸膛，像人著新衣時顧視珍惜的狀態，又拍翅膀形容振袖，皆顧影自憐之意。

12 神語者神代傳說的故事，即是講神話的歌謠。

13 「雀瓢」原文云「蘿摩」，《詩草木疏》云，芄蘭一名蘿摩，幽州人謂之雀瓢。雀瓢蓋謂所結之莢。焦循云，田野間所謂麻雀棺者，蔓生，葉長二寸，實狀如秋葵實而軟，霜枯後破內盈絨絮。此言取雀瓢作船，蛾皮為衣，皆極言細小。

14 少名毗古那，《日本書紀》作「少彥名」，注疏云：「身形短小，故得此名。」其生產的由來，據母神說，係從手指間漏了下來，《日本書紀》據一書傳說，云在淡島由粟莖彈力，遂至海外，甚似民間故事中小人國的傳說。

15 案山子乃是山田中用以嚇唬鳥類的草人，久延原義朽腐，毗古者男子美稱，義取草人日久為風雨所蝕，猶下文案山子原語「曾富騰」，亦取意於雨淋也。

# 五、天照大御神與大國主神

## 天若日子

### 五〇

依照天照大御神命令說：

「葦原的千秋萬歲的水穗之國，[1]是我的兒子正勝吾勝勝速日天忍穗耳命所統治的國土。」天忍穗耳命遂由天上降下了。天忍穗耳命在天之浮橋上站著，說道：

「葦原的千秋萬歲的水穗之國裡吵鬧得很哩！」於是回去，告知了天照大御神。乃以高御產巢日神和天照大御神的命令，在天安河的河邊，召集眾神，命思金神思慮這件事，說道：

「這個葦原的中國是規定給我的兒子統治的國土，但是現在這地方，有許多妄逞暴威的土著的神們，叫哪個神去平定才好呢？」於是思金神及眾神聚議，說道：

「叫天菩比神去吧。」於是就叫天菩比神下去，但是他諂媚附和大國主神，至於三年以後不來復奏。

五一

以是高御產巢日神、天照大御神又問詢諸神道：「差遣到葦原的中國去的天菩比神久不復奏，再遣哪個神去才好呢？」於是思金神答道：

「叫天津國玉神的兒子天若日子去吧。」遂以天之靈鹿弓及天之大羽箭賜天若日子，叫他下去。天若日子既至其地，乃娶大國主神的女兒下照比賣，想獲得那國土，至於八年之久，不來復奏，於是天照大御神與高御產巢日神又問諸神道：「天若日子久不復奏，差遣哪一個神去，查問天若日子淹留的情由呢？」諸神及思金神回答道：

「差遣雉名鳴女去好了。」大神乃命令雉名鳴女道：

「你可去問天若日子，叫你到葦原的中國的理由，是在平服那國裡的亂暴的神們，你為什麼至今八年，還不復奏。叫他回答吧。」

五二

於是雉名鳴女從天下降，住於天若日子的門口的香桂樹上，仔細把天神的命令傳達給他。這裡天之佐具賣[2]聽了這鳥的說話，乃對天若日子說道：

「此鳥鳴聲甚惡，把它射死了吧！」天若日子即取天神所賜的靈鹿弓與大羽箭，射殺那雉。其箭從雉雞的胸膛通過，倒射上去，直到天照大御神與高木神所在的天安河的河邊。此高木神者，即高御產巢日神之別名也。高木神乃拿這箭來看，箭的羽毛有血凝結著。於是高木神乃說道：

「這箭是賜給天若日子的箭。」乃示諸神說道：

「如或天若日子依著命令，射那惡神的箭來到這裡，當不射著天若日子。假如他有邪心，那麼天若日子當死於此箭。」遂拿起箭來，從那個箭眼[3]裡送下這枝箭去。天若日子正睡在胡床上，正中在胸膛，遂死去了。此還箭可怕的由來。那個雉雞也不歸還，今俗諺有雉雞的使者一去不還，所由來也。

## 五三

天若日子的妻子下照比賣的哭聲乘風到了天上。於是在天上的天若日子的父親天津國玉神和天若日子原來的妻子聽到了，都降到地上，共來悲哭，乃在其地建立喪家，命河雁當給死人運食物的人，鷺鷥持帚掃地，翠鳥做庖人，麻雀舂米，雉雞做悲哭的女人，[4]這樣規定了，凡八日八夜作樂送葬。此時阿遲志貴高日子根神到來，弔若日子的喪的時候，從天上下來的天若日子的父親，還有他自己的妻子都哭了起來，說道：

「我的兒子並沒有死。」
「我的丈夫並沒有死。」
抓住了他的手和腳，這樣的哭了。其所以弄錯了原因，蓋此位神道的姿容很是相似，所以弄錯了。

## 五四

於是阿遲志貴高日子根神大為憤怒，說道：
「我因為是親愛的朋友，所以走來弔問，為什麼把我去與穢惡的死人相比呢？」於是拔出所佩的十握的劍，將喪家砍倒，用腳踹壞，走了去了。這就是美濃國的藍見河上的喪山。所拿的大刀稱作大量，亦叫作神度劍。阿遲志貴高日子根神憤怒飛去的時候，他的妹子下照比賣為得顯揚他的名號，作歌云：
「天界的年輕的織女，
掛在項頸裡的玉串，
像玉串裡的珠子似的，
兩個山谷一跳就過去，
那是阿遲志貴高日子根的神啊！」

此歌乃所謂夷曲[5]是也。

## 讓國

### 五五

於是天照大御神說道：

「現在再遣哪個神去好呢？」於是思金神及諸神回答道：

「住在天安河上的天石屋的，名叫天之尾羽張神，可以遣往。若非此神，則此神的兒子建御雷神可遣。天之尾羽張神將天安河水逆上，堵塞道路，故他神不得成行。故特別可遣天迦久神去問他。」乃使天迦久神往問天之尾羽張神的時候，回答說道：

「謹奉命，但可遣我的兒子建御雷神去吧。」於是乃命天鳥船神為建御雷神的副使，遣往下界。

### 五六

以是此二位尊神降於出雲國伊那佐之小濱，拔出十握的劍，倒插在浪花之上，在劍鋒上跏趺而坐，問大國主神道：

「我們以天照大御神和高木神的命令前來問你來的。你所領有的葦原的中國，原來是歸我的兒子所統治的而賜給的。你的意思怎麼樣？」

大國主神回答說道：

「我沒有什麼說的。我的兒子八重言代主神當代作回答，但是他因為獵取魚鳥，往御大之崎去了，還未回來。」乃遣天鳥船神去，把八重言代主神叫來問，八重言代主神對他的父神說道：

「將此國土謹奉還給天神的御子吧。」於是即將船蹈沉，向下拍手，做成神籬，便隱去了。[6]

## 五七

乃問大國主神道：

「現在你的兒子八重言代主神這樣地說了，還有要說話的兒子嗎？」回答說道：

「還有我的兒子建御名方神，除此以外沒有了。」正說著的時候，建御名方神手裡擎著一塊大石頭，走了來了，說道：

「這是誰呀，到我國裡來偷偷的這樣說話的？那麼，來比較氣力吧。我先來抓他的手。」便去抓建御雷神的手，那手立即變得像冰柱一樣，又像劍刃一樣，建御名方神恐慌得退走了。建御雷神隨後再來抓建御名方神的手，像嫩蘆葦一般，捏碎丟開，建御名方神隨即逃走。建御雷神追去，到了科野國的洲羽海，將要殺了他的時候，建御名方神說道：

「惶恐之至，請你別殺我吧！我除此地以外，不再到別處去。我不違背我的父親大國主神的命令，也不違反八重言代主神的話。把這個葦原的中國順從命令，獻奉給天神的御子吧。」

## 五八

乃再回來，問大國主神道：

「你的兒子八重言代主神與建御名方神二神，都已說順從天神的御子的命令了。你的心裡怎麼樣呢？」回答說道：

「我也依照我的兒子二神所說，沒有違背。這葦原的中國就順從命令，獻了上去吧。但是我的住所，要像天神之御子即位時所坐的宏壯的宮殿那樣，在大磐石上面立了大柱，向著高空豎起棟梁，這樣建造了，我就在那裡一百個不足，[7]也有八十個的曲曲彎彎的地方，可以隱居了吧。我的兒子百八十神[8]也就以八重言代主神為先導，前去服務，那麼不順從的神未必有了。」這樣說了，〔乃即隱去。隨即依照所說，〕[9]在出雲國的多藝志的小濱，建造壯麗的宮殿，命水戶神的子孫櫛八玉神為膳夫，獻上神饌時致禱，櫛八玉神化作鸕鷀，鑽到海裡，銜出海底的黏土來，製成許多的陶器，又取海帶的柄以為燧臼，取海蓴的柄以為燧杵，鑽出火來，唱說道：

「我所做的火，在高天原神產巢日神的富足新建的廚房[10]裡燒著，燒的凝煙有八握那麼長，在地下將海底岩石燒得堅固，用了千尋的楮繩，伸長了垂釣的海人，嘩啦嘩啦的拉大口小鰭的鱸魚來，壓得竹几都彎曲的，將魚菜獻上吧。」[11]這樣建御雷神乃回到天上，復奉葦原的中國已經歸順平定了。

1 「水穗之國」意謂因農業而永遠繁榮，故云千秋萬歲，原語云「千秋長五百秋」。

2 天佐具賣據注疏云天若日子的侍婢，《日本書紀》作「天探女」，意謂能探知人心，告知主人。

3 這是假定天上地下有一層東西隔著，所以箭從底下射上來，有這麼一個箭眼，如今便再從這地方送下原來的地方去。俗語有還箭可怕之說，就是說射人的箭還射過來，正中自己。

4 這裡用鳥類當治喪人，正是從民間故事來的。雁常下河邊求食，故令運食物，鷺因頭頂上有毛如帚，故掃地，翠鳥善捕魚，雀啄食如舂米，雉高鳴如哭，古代有哭女，專管送葬時號哭的事。

5 「夷曲」原語云「夷振」，指曲調的名稱，此蓋雅樂寮的稱號，混入本文。

6 「向下拍手」原文云「天逆手」，解說不一，今依本居宣長本說，解作與平時的拍手（作為敬禮）相反，以手掌向下，於咒願時用之。「神籬」原文云「青柴垣」，謂以青葉之柴所造之垣，用於祭祀時，即所謂神籬也。化而為神，不復顯現，故稱曰隱，即上文所稱隱身之神。

7 「一百個不足」為下文八十之形容詞，（術語名為枕詞，謂猶用枕頭，）其實連這「八十個」亦是虛擬，無非極言其多。

8 據《日本書紀》所記一說：「大國主神，其於兒有一百八十一神。」所謂一百八十一，或是一百八十，亦只是形容其多，不能說是實數。

9 此處有缺文，今據本居宣長本假定，補此一句。

10 此處說火，故說及神的廚房，因為燒火長久，所以垂煙甚長，但上文大國主神要求立廟時，也說要像天之御子即位時所坐的「富足新建的廚房」，因意義不屬，所以改譯做「壯麗的宮殿」了。

11 「魚菜」原文云「天之真魚咋」，因珍重魚類，故稱之曰真魚，天者美稱。此蓋是祭祀祝詞之一節。

# 六、邇邇藝命

## 天降

**五九**

爾時天照大御神及高木神乃諭太子正勝吾勝勝速日天忍穗耳命，說道：

「現今葦原的中國說已平定完畢了，所以可依照以前的命令，下去統治吧。」於是太子正勝吾勝勝速日天忍穗耳命回答道：

「我正準備著下降的時候，生了一個兒子。其名為天邇岐志國邇岐志天津日高日子番能邇邇藝命。就把這個兒子降下去吧。」這個御子是忍穗耳命與高木神的女兒萬幡豐秋津師比賣命會合而生的天火明命，其次便是日子番能邇邇藝命，凡二尊。這樣說了，以是乃命日子番能邇邇藝命道：

「葦原的中國是你所該統治的國土，以這個命令的緣故，可即從天下降。」

## 六〇

爾時日子番能邇邇藝命正要下降的時候，在天上的岔路，光照上至高天原，下至葦原的中國的一位神道站著。於是天照大御神和高木神命令天宇受賣神道：

「你雖然是荏弱的女人，可是你是對著眾神不會退縮的神。所以專遣你去查問，現今我的御子正要下降，是誰在那路上這樣站著的？」這樣問了，回答說道：

「我乃本地神猿田毗古神是也。所以出來的緣故，因為聽說天神的御子從天下降，故前來引導，在此迎接的。」

## 六一

於是天兒屋命，布刀玉命，天宇受賣命，伊斯許理度賣命，玉祖命，共五部族的神，各有職司，一同從天上降了下來。先前在天之岩戶前面迎接過天照大御神[1]的八尺勾玉，神鏡以及草薙之劍，並以常世思金神，手力男神，天石戶別神為副賜給他，對他說道：

「這鏡子算是我的魂靈，要照祭我的那樣祭祀它。其次思金神，應為我處理一切，攝行政事。」[2]乃奉祀二神於裂釧之五十鈴河之宮。其次天石戶別神，又名櫛石窗神，亦名豐石窗神，此神乃御門之神也。其次手力男神在於佐那縣地方。這天兒屋命為中臣連等的祖先，布刀玉命為忌部首等的祖先，天宇受賣命為猿女君等的祖先，伊斯許理度賣命為鏡作連等的祖先，玉祖命為玉祖連等的祖先。

### 六二

於是天津日高日子番能邇邇藝命乃離開天的座位，分開叢雲，威勢堂堂地走來，從天之浮橋上，下到浮洲，站在上邊，遂降至筑紫日向的高千穗靈峰上了。爾時天忍日命與天津久米命二人背了石頭的箭筒，佩了柄頭如椎的大刀，拿著天之靈鹿弓及天之大羽箭，立於左右。天忍日命為大伴連等的祖先，天津久米命為久米直等的祖先。於是覓地至於笠沙之御崎，邇邇藝命說道：

「此地向著空地[3]，朝日直射，夕陽所照的國土。故此處乃十分吉祥之地。」遂於岩石立壯大的宮柱，蓋起棟梁直聳人雲霄的宮殿。

## 猿女君

### 六三

於是邇邇藝命令天宇受賣命道：

「這個來做嚮導的猿田毗古大神，也仍由介紹他來的你，送他回去吧。又其神的名字，亦由你承受了下來。」以是猿女君等繼承了猿田毗古的男神的名號，女人稱作猿女君云。這個猿田毗古神在阿邪訶地方的時候，下海捕魚，手給日月貝銜住了，沉到海裡去了。沉到海底的時候，他的名字是到底御魂，在海水粒粒起泡的時候，名字是起泡御魂，到了水泡破了，名字是泡破御魂。[4]天宇受賣命送走猿田毗古神回來了，乃悉聚集廣鰭狹鰭各種魚類，問它們道：

「你們肯給天神的御子服務嗎？」種種的魚都說：

「我們給服務。」惟有海參不說話。天宇受賣命乃對海參說道：

「你這個嘴，是不會回答的嘴嗎？」便用懷劍把它的嘴拆裂了。所以現今海參的嘴都是裂開的。以此後世志摩地方有魚類進貢的時候，就分給猿女君等。

## 木花之佐久夜比賣

### 六四

於是天津日高日子番能邇邇藝命在笠沙之御崎，遇見一個豔麗的美人，問她道：

「是誰家的女兒呀？」答說道：

「我乃大山津見神的女兒，名為神阿多都比賣，又名木花之佐久夜比賣。」又問道：

「你有姊妹嗎？」答說道：

「我有一個阿姊，名為石長比賣。」邇邇藝命問道：

「我要和你結婚，你覺得怎樣呢？」答說道：

「我沒有什麼說的。這要對我的父親大山津見神說才好。」乃往求其父大山津見神，大山津見神非常歡喜，將其姊石長比賣為副，並持百臺禮物，奉獻上來。但是其姊生得很是醜惡，看了可怕，遂即送還了，只留下她的妹子木花之佐久夜比賣，共睡了一夜。爾時大山津見神因為送還石長比賣，大以為恥辱，因說道：

「我將兩個女兒一併送奉的理由是，假如使用了石長比賣，那麼天神的御子的壽命，雖經雨淋風吹，卻永久像石頭一樣堅固不動。但如使用了木花之佐久夜比賣，將如木花之榮華那樣繁榮一時，[5]這樣立了誓言，進獻了的。今將石長比賣送還，只留下木花之佐久夜比賣，那麼天神的御子的壽命也將如木花的脆弱吧。」這樣說了，到今日為止，天皇的壽命都是不長的。

## 六五

如此之後，木花之佐久夜比賣出來說道：

「我懷孕了，現在到了臨產的時候。這是天神的御子，不好隨便的生產，故來請教。」

於是邇邇藝命說道：

「佐久夜比賣啊，說一夜就受孕了，這不是我的兒子，必定是國神的兒子吧。」[6]回答說道：

「我所懷孕的兒子，若是國神的兒子，生產的時候便沒有好事情。但若是天神的兒子，當有好運。」乃做沒有門戶的八尋殿，走進殿裡去後悉用黏土糊好，又當生產的時候，把殿裡放起火來，生下兒子。[7]正當火盛燒著時所生的兒子，名為火照命，為隼人阿多君的祖先。其次所生的兒子，名為火須勢理命。其次所生的兒子，名為火遠理命，又名天津日高日子穗穗手見命，凡三位。

1 見上文第二八節。

2 或說此處指天孫而言，今依本居宣長說，解作天照大御神自己，蓋思金神攝行政事，係代大神處理，並非協助天孫。

3 原文「韓國」，但非指今之朝鮮，當如《日本書紀》作空國解，言不毛之地。

4 這裡夾敘猿田毗古神溺海的故事，不知何意，大約因為是民間通行的一種傳說，所以附帶提及，其因事定名也頗為滑稽，是傳說的一種特色吧。

5 木花之佐久夜比賣意云樹花開也，比賣本係「日女」，寫作媛或姬。此係古代用名字占卜的遺風。

6 《日本書紀》云：「雖復天神，何能一夜之間，令人有孕乎。」又另據一書云：「我知本是吾兒，但一夜而有身，慮有疑者，欲使眾人皆知是吾兒，並亦天神能令一夜有孕。」蓋是後起的說明。

7 無門的殿蓋是古代的產室，當臨產時別作小房，嚴密封閉，忌血汙觸犯神靈人畜。放火燒屋，此處是一種誓言的證明，但實際亦本於習俗，產時多設庭燎，以驅邪氣，在生產後則將產室一切悉付火焚。

# 七、日子穗穗手建命

## 山幸與海幸

### 六六

火照命是海佐知毗古，取廣鰭狹鰭各種魚類，火遠理命是山佐知毗古，取粗毛柔毛各種鳥獸。[1]爾時火遠理命對其兄火照命說道：

「我們各自將器具交換了用吧。」請求了三遍，終於不許，但是到了後來好容易才答應換用了。於是火遠理命拿了釣魚的器具去釣魚，可是連一條魚也沒有得到，而且把那釣鉤也失落在海裡了。於是其兄火照命要還他的釣鉤，說道：

「山幸是自己的幸運，海幸也是自己的幸運，現在還是各自把幸運歸還了吧。」其弟火遠理命說道：

「用你的鉤去釣魚，得不到一條魚，終於失掉在海裡了。」其兄還是強要賠還，所以其弟把所佩的十握的劍破了，做了五百個鉤賠了，但是不肯收受，做一千個鉤賠他，也不收受。說道：

「我只要原來的釣鉤。」

## 六七

於是其弟在海邊悲泣，其時鹽椎神走來問道：

「尊貴的日之御子，你這樣悲泣的是為什麼緣由呢？」回答道：

「我同阿兄換了釣鉤，卻把那鉤失掉了。他要還鉤，我雖然賠了他許多釣鉤，他都不收，說要他原來的鉤。所以悲泣的。」爾時鹽椎神說道：

「我將替你設法吧。」即為無縫竹籠的小船，[2]把他放在船上，並教他道：

「我把船推走，暫時這樣的去吧。那裡有很好的一條路，順著這路走去，有魚鱗似的造成的宮殿，是即綿津見神之宮。到了那神的門前，在旁邊井上有一棵枝葉繁茂的香木。可在樹上坐著，海神的女兒看見了。會計議什麼辦法的。」

## 六八

依著所教走去，具如所言，即登香木而坐。爾時海神的女兒豐玉比賣的侍婢拿著玉杯，出來汲水的時候，井裡有光照著。仰起頭來看，有一個美麗的壯夫。侍婢甚以為稀奇。火遠理命看見那侍婢，便請求道：

「請給我一點水吧。」侍婢乃取水，放玉杯內，送給了他。火遠理命卻不喝水，從項頸上邊解下繫著的一塊玉，銜在嘴裡，吐到玉杯裡去。於是這玉便附著在杯裡，侍婢拿不下來，遂連玉附著一併送給豐玉比賣了。豐玉比賣見玉，乃問侍婢道：

「門外有人嗎？」答道：

「在我們井上香木之上，有人坐著，甚是美麗的壯夫，比我們的王更是高貴。其人乞水，因奉上給水，卻不喝水，將此玉吐在裡邊了。因為拿不下來，故放在裡面拿來獻上了。」爾時豐玉比賣甚以為奇，出來看了覺得佩服，告訴她的父親道：

「在我們的門口有壯麗的人。」海神乃自己出來看了道：

「此人乃高貴的日之御子是也。」即帶領他進內，以海驢的皮八張為墊褥，上面再加絹的墊子八枚，坐在上邊，並持百臺禮物，大設宴饗，隨即將其女兒豐玉比賣婚配給他了。這樣留住那國裡，有三年之久。

## 六九

於是火遠理命想起當初的事來，乃發出一個大聲的嘆息。豐玉比賣聽見嘆聲，乃去告訴她的父親說道：

「他在這裡住了三年，不曾嘆息過，今夜卻發出大的嘆聲，不知道有什麼原因。」其父神乃問其婿道：

「今晨聽我的女兒說，你在這裡住了三年，不曾嘆息過，今夜卻發出大的嘆聲，不知道有什麼原因。又你到此地來的理由，也是為什麼呢？」於是火遠理命將其兄追求所失的釣鉤的事情，詳細地告訴了大神。以是海神乃悉召集海裡大小魚類，問它們道：

「有哪個魚取了這釣鉤的嗎？」諸魚答道：

「近來只有大頭魚[3]說喉裡有東西鯁住，不能吃東西，在那裡發愁，一定是取了這鉤了吧。」於是乃探大頭魚的喉嚨，鉤在那裡，即取了出來，洗乾淨了，交給火遠理命。其時綿津見大神告訴他道：

「把這鉤還給乃兄的時候，說道：『煩惱鉤，著急鉤，貧窮鉤，愚鈍鉤！』從背後伸手過去遞給他。[4]如是則乃兄種高田時，你可種低田，如乃兄種低田時，你便可種高田。這樣辦了，我掌管著雨水，三年之間必使乃兄貧窮。假如因此懷著怨恨，對你攻擊過來，可取出滿潮珠來，使他陷溺，但若是悲嘆請求，即用乾潮珠救他，就這樣的使他受苦用作懲罰。」說著拿出滿潮乾潮二珠交給他，乃悉召集眾鱷魚問道：

「今有高貴的日之御子要到上界去，你們要幾天可以送到，可各復奏。」於是各自隨其身子的長短，定了日子的多少，說了出來，其中有身長一尋的鱷魚說道：

「我可以一天裡送到，隨即回來。」乃對一尋的鱷魚命令道：

「那麼，就由你送去吧。但過海的時候，別叫他受驚。」隨即讓他坐在鱷魚的項頸上，送了他出去。果然如此，在一日裡送到了。火遠理命在這鱷魚將要回去的時候，解下所佩的有紐的小刀，掛在它的頸上才放它去，所以一尋的鱷魚現今稱作佐比持神。5

## 七〇

以是一切如海神所教，把釣鉤還了他。自此以後更加貧窮了，乃起了惡心，攻擊過來。攻來的時候，拿出滿潮珠來，使他陷溺，乃至悲嘆請求，即用乾潮珠救他。就這樣使他受苦用作懲罰，叩道說道：

「我從今以後，晝夜當作你的衛兵，給你服務吧。」所以直至今日，〔隼人〕演當時陷溺中狀態，以為職業。6

# 豐玉比賣

## 七一

於是海神的女兒豐玉比賣自己出來，說道：

「我已經懷孕了，現今到了臨產的時候。想起來此乃是天神的御子，不好在海裡邊生產，所以出來了。」乃在海邊波浪邊裡造起產室來，用鸕鶿的羽毛當作蓋房的草。在屋頂還未蓋好的時候，肚裡已經再也忍不住了，於是便進了產室裡去。在將要生產的時候，告訴丈夫說道：

「凡他國的人在生產的時候，必定要變成本國的形狀才能生產。所以我也想變成本身去生產，請你千萬不要看我。」日子穗穗手見命聽了這說話覺得稀奇，於是等她正在生產的時候，偷偷的張看，只見她變成有八尋長的鱷魚，蜿蜒爬著，[7]乃出驚退避了。爾時豐玉比賣知道被火遠理命所窺見了，以為很是恥辱，所以把兒子生下就不管，說道：

「我本來原想由海道通著，常常往來，現在窺見了我的原形，這是很可羞的。」隨即將海道堵塞，走回去了。所生的兒子的名字，叫作天津日高日子波限建鵜葺草葺不合命。[8]

## 七二

豐玉比賣雖是因為被窺見了，很是怨恨，但是心裡也不能忘情，為的養育兒子，便將妹子玉依比賣送給了他，且附送一首歌去：

「紅玉連那穗子都發光，
但是像白玉似的我君的
姿容是高貴的啊！」

爾時夫君乃作答歌云：

「水鳥的野鴨所降的島上，
我的同寢的妻終不能忘記，
直到一生的終了。」[9]

這個日子穗穗手見命在高千穗宮裡坐了五百八十年，御陵即在高千穗的山的西邊。

## 七三

此天津日高日子波限建鵜葺草葺不合命娶其姨玉依比賣而生的兒子，名為五瀨命，其次稻冰命，其次御毛沼命，其次若御毛沼命，又名豐御毛沼命，亦名神倭伊波禮毗古命，凡四位。御毛沼命足踏浪花，而至外國，稻冰命則入於海原，而赴母親的國土了。

1 山佐知毗古即是山幸彥，海佐知毗古即是海幸彥也，謂對於山海各有幸運，入山善於取得柔毛粗毛各物，下海取得廣鰭狹鰭各物，是民間故事所常有的一節，但此所謂海幸乃寄托在一個鉤上，山幸所憑何物，訖未明言。

2 「無縫竹籠」在《日本書紀》寫作「無目籠」，本係用竹密編，外蒙獸皮，防水的侵入，蓋古代原始的船舶，今用於神話上，故遂云竹籠耳。

3 「大頭魚」原文云「赤海鯽魚」，查《倭名類聚抄》有海鯽魚，訓作黑鯛，故赤海鯽魚即是赤鯛，俗名大頭魚者是也。

4 「背後伸手過去遞給他」表示以厭惡的東西與人，第一七節中敘伊耶那岐命從黃泉國逃出，為鬼軍所追，亦以十握的劍向後面且揮且走。

5 佐比持神意云持有佐比的神，佐比在《日本書紀》上寫作「暗」字，但實係鋒刃之義。

6 隼人屬於衛門府隼人司，警護宮廷，故文中稱衛兵，又隼人於大嘗祭時奏隼人舞，亦以此為緣起。《日本書紀》一書記其情狀云：

「於是兄著犢鼻，以赭塗掌塗面，告其弟曰：吾汙身如此，永為汝俳優者。乃舉足踏行，學其溺苦之狀。初潮漬足時則為足占，至膝時則舉足，至股時則走迴，至腰時則捫腰，至腋時則置手於胸，至頸時則舉手飄掌，自及今曾無廢絕。」（原係漢文）

7 《日本書紀》云：「豐玉姬方產，化為龍。」本文乃云是鱷魚，見七三頁注一，俗云異類變化為人，於生產時必復原形，原文云「他國的人」，蓋是文飾之詞。又禁止某一種言動，破壞者必有不幸，此亦是民間故事常用的手段。

8 波限建鵜葺草葺不合命，意云海邊建造產室，鷺鷥羽毛葺屋頂，尚未葺合。鵜至今日本訓為鷺鷥，據《倭名類聚抄》引「辨色立成」云，「大曰鷺鷥，小曰鵜鶘」，蓋其訛相沿已久。

9 此歌以紅玉比其子，白玉比其夫，更是可貴。第二首亦是留戀故妻的意思，水鳥的野鴨所降落乃是島的形容詞，水鳥的又是野鴨的形容，並無多大意思，不過是古代言語的一種修飾罷了。

# 卷中

# 一、神武天皇

## 東征 七四

神倭伊波禮毗古命（神武天皇）[1]同其兄五瀨命二人，在高千穗之宮，商議道：「住在什麼地方，才可以使天下太平呢？還是要往東方方面去才行吧。」即從日向出發，前往筑紫。在到了豐國的宇沙的時候，其地居人有名宇沙都比古，宇沙都比賣者二人，造作一所一足騰宮，[2]加以宴饗。便從那裡遷移，在筑紫的岡田宮住了一年。再從那裡上去，在阿岐國的多祁理宮住了七年。再從那裡上去，在吉備的高島宮住了八年。

## 速吸之門 七五

爾時從那地方上去的時候，有人乘龜甲垂釣，振羽而來，遇於速吸之門。[3]乃呼而問道：

「你是什麼人？」答道：

「我乃是本地的神，名為宇豆毗古。」[4]又問道：

「你知道海路麼？」答道：

「知道得很清楚。」又問他道：

「那麼，你能給我做嚮導麼？」答道：

「我當從命。」於是即以竹篙渡過去，引入御舟，賜號為槁根津日子。[5]是為倭國造等的先祖。

## 五瀨命

### 七六

從那地方上去的時候，經過浪速之渡，停泊於青雲之白肩津。爾時登美的那賀須泥毗古[6]興兵以待，乃交戰，取御舟中的楯牌下來，故其地稱作楯津，今日猶叫作日下之蓼津也。[7]於是與那賀須泥毗古交戰的時候，五瀨命的手被登美毗古[8]的箭射傷甚重。五瀨命說道：

「我乃日神之御子，今向日而戰，不祥，故為賤奴所傷。自今以後當迂回過去，背了日光，予以一擊吧。」這樣說了，便轉到南方去，到了血沼海，即在這裡洗手，故名血沼海。又從那地方回轉過去，到了紀國的男之水門，說道：

「我為賤奴所傷，乃至命終了嗎？」雄武的叫著，即升遐了。[9]故其水門稱作男之水門。陵就在紀國的灶山。

## 從熊野到宇陀

### 七七

神倭伊波禮毗古命從那地方轉過來，到了熊野村的時候，有很大的熊朦朧的出現，就即不見了。於是神倭伊波禮毗古命忽然昏睡，軍人也同時昏倒了。其時有一個名為熊野之高倉下的人，拿了一把大刀，來到天神之御子躺著的地方，將刀獻上來的時候，天神之御子忽然醒寤，說道：

「好像睡得很久了吧。」便收下那把大刀，其時熊野山的凶神悉皆自然被斬倒地，於是昏倒的軍人也悉醒寤了。天神之御子乃問其獲得此大刀的緣由，高倉下答說道：

「自己夢見天照大御神與高木神二位，以命令召建御雷神云，葦原的中國近來很吵鬧，我的兒子們似乎很不安。那葦原的中國是你平定的，所以還是你建御雷神降下去吧。爾時答曰，我不降下去，有其時平定那國土的大刀，給降下去就好了。（此刀名為佐士布都神，又名甕布都神，亦名布都御魂。此刀在於石上神宮。）降下此刀之法，穿過高倉下的倉頂，叫它墮進裡邊去。[10]次日早晨醒時，可持以獻於天神之御子。這樣說了，我就如夢裡所教，早上一看自己的倉裡，果然有一把大刀在那裡。所以把這大刀來獻的。」

## 七八

於是又以高木大神的命令，示夢說道：[11]

「天神之御子，你莫進入此地的裡邊去。那裡凶神很多。現今從天上當派遣八咫烏[12]下去。這八咫烏當為嚮導，可跟在後邊進去。」因如所教，隨著八咫烏的後邊往前進去，到了吉野河的下流的時候，有人拿了魚簍[13]，在那裡捕魚。爾時天神之御子問道：

「你是什麼人呀？」答道：

「我乃本地的神，名叫贄持之子是也。」[14]（是為阿陀之鵜養之祖先。）從那地方前進，有尾的人從井裡出來，其井有光。乃問道：

「你是什麼人呀？」答道：

「我乃本地的神，名為井冰鹿。」（此吉野首等的祖先。）即從那裡進山裡去，又遇見有尾的人，此人分開岩石，走了出來。乃問道：

「你是什麼人呀？」答道：

「我乃本地的神，名為石押分之子。[15]今聞天神之御子來了，故迎接來了。」（此吉野之國巢的祖先。）從此地穿越山坂，乃至於宇陀，因此乃名曰宇陀之穿。[16]

## 久米歌

### 七九

爾時在宇陀有兄宇迦斯與弟宇迦斯二人。其先派遣八咫烏去，對二人說道：

「天神的御子到來了。你們願意服務嗎？」但是兄宇迦斯卻拿了鳴鏑，把他射回來了。所以是鳴鏑落下的地方叫作訶夫羅前。[17]想要邀擊，於是聚集軍隊，可是聚集不起來，乃裝作服務的樣子，造了一所殿，在殿裡設上陷坑等待著。其時弟宇迦斯先出來了。拜白道：

「我的哥哥兄宇迦斯把天神的御子的使者射了回去，想要邀擊，聚集軍隊不來，做了一殿，在殿內設上陷坑等待著。因此出來，特將這事稟告。」於是大伴連等的祖先道臣命和久米直等的祖先大久米命即叫兄宇迦斯來，罵道：

「你這東西說造了來供奉的大殿，可自己先進去，證明你怎樣的供奉的吧！」乃緊握刀柄，用矛比著，用箭對著，逼他進去，遂落在自己所設的陷坑裡死了，即拉了出來，亂刀斬殺了。故其地叫作宇陀的血原。

### 八〇

於是乃將弟宇迦斯所獻上的御宴的東西，悉數分給軍隊吃了。此時作歌道：

「在宇陀高城我張著田鷸[18]的網，

等著的時候，田鷸沒有碰上，
卻碰上了勇健的老鷹。
前妻如來要肴饌，
扇骨木的實似的少給她吧。
後妻如來要肴撰，
柃樹的實似的多給她吧。[19]
哈哈，那個東西，
好不活該呀！
嘿嘿，那個東西，
真是該死呀！」[20]
這個弟宇迦斯就是宇陀的水取等的祖先是也。

## 八一

從那地方走去，到了忍坂的大室的時候，有尾的土雲八十個武士，[21]在那室裡等候著。天神的御子乃命賜八十人以宴饗，對於八十人設八十膳夫，各人佩刀，乃命令膳夫道：「你們聽見歌聲，便一齊斬殺。」其時示知將擊土雲時的歌曰：

「忍坂的大的土室裡，
有許多許多的人，
雖然有許多的人，
勇壯的久米的人們
拿著頭椎石椎的大刀[22]，
不擊殺不肯罷休！
勇壯的久米的人們
拿著頭椎石椎的大刀，
要擊殺現在最好吧！」
這樣地歌著，乃拔刀一時都擊殺了。

八二

其後將擊登美毗古的時候所作的歌曰：
「勇壯的久米的人們，
在粟田裡生長一根臭韭。
連根帶葉的拔了吧，

不擊殺不肯罷休！」

又歌曰：

「勇壯的久米的人們，

牆根底下種著一株花椒，[23]

嘴裡辣辣的，我忘記不了。

不擊殺不肯罷休！」

又歌曰：

「神風吹來伊勢海裡，

在大石上爬著的

細螺[24]似的爬了包圍著：

不擊殺不肯罷休！」

## 八三

又進擊兄師木弟師木的時候，軍隊有點疲倦了。爾時歌曰：

「排著楯牌，在伊那佐山的

樹的行間往來偵察，

打起仗來，我是餓了。
島裡的鵜養部呀，[25]
現在來援助吧！」

## 八四

爾後邇藝速日命前來，對天神的御子說道：

「聽說天神的御子從天上降下來了，故趕著來了。」即獻諸天上的寶物，表示服務。這個邇藝速日命娶登美毗古的妹子登美夜毗賣而生的兒子，名為宇摩志麻遲命，此物部連，穗積臣，采女臣的祖先也。這樣的平定了凶神，趕散了不服的人，在畝火之白檮原宮，[26]統治天下。

# 大物主神之御子

## 八五

其初在日向的時候，娶阿多的小椅君[27]的妹子阿比良比賣，生了兒子多藝志美美命，其次岐須美美命，凡二位。但更求可以做王后[28]的少女時，大久米命說道：

「這裡有傳說是神之御子的少女。說她是神之御子的理由是，三島的湟咋的女兒名叫勢夜陀多良比賣，其姿容美麗，美和的大物主神見了喜歡，乘少女登廁[29]的時候，化為塗著赤土的箭，從那廁所的下流，上衝少女的陰門。於是少女驚惶，狼狽奔走，隨持來此箭，放在床邊，忽化成壯夫，即娶少女而生子，名為富登多多良伊須須岐比賣，亦名比賣多多良伊須氣余理比賣，這是因為嫌忌富登的名字，後來所改的名稱。[30]是故稱作神的御子。」

## 八六

爾時有七個少女，同遊於高佐士野的時候，這個伊須氣余理比賣也在其內，大久米命看見了伊須氣余理比賣，作歌以告天皇道：

「倭之國[31]的高佐士野上，
七個遊行的少女，
將去娶哪個呢？」

爾時伊須氣余理比賣恰站在少女等的前頭。天皇見了少女等，心裡知道伊須氣余理比賣站在最前，便以歌答道：

「好吧好吧，且將站在最先的，
娶那個可愛的人吧。」

爾時大久米命奉了天皇的命令，傳達給伊須氣余理比賣的時候，她看了大久米命的眼梢的刺青，[32]覺得奇怪，作歌曰：

「天地間勝過千人的勇士，[33]
為什麼眼梢有刺青呢？」

大久米命作歌答道：

「為得就找到少女，
所以眼梢有刺青的。」

於是少女乃答說道：

「那麼，我就奉命吧。」

## 八七

爾時伊須氣余理比賣的家在狹井河的旁邊。天皇乃到伊須氣余理比賣那裡，住了一宿。其河稱作佐韋河[34]的理由，因為河邊多有山百合，故取其名以為河的名稱，山百合本名佐韋。其後伊須氣余理比賣進宮的時候，天皇作歌曰：

「葦原的蘆葦茂盛的小屋裡，
菅草的席子清潔的鋪著，
我們二人曾經睡過呀。」

爾時所生的兒子，名為日子八井命，其次為神八井耳命，其次為神沼河耳命，凡三位。

## 當藝志美美命之變

### 八八

天皇升遐之後，庶兄當藝志美美命娶嫡后伊須氣余理比賣的時候，將要殺那三位兄弟，正在謀畫，母親伊須氣余理比賣很是著急，乃作歌以告知她的兒子們，歌曰：

「狹井川方面雲起來了，
畝火山的樹葉響動了，
風就要吹來了吧！」

又歌曰：

「畝火山白晝起雲了，
晚上風就要吹來了吧，
樹葉都響動了。」

於是兒子們聽到了，很是吃驚，要殺當藝志美美命的時候，神沼河耳命對其兄神八井耳命說道：

「你拿了兵器去，殺了當藝志美美吧！」於是拿了兵器進去，想要殺他的時候，可是手腳都發抖了，不曾殺得。神沼河耳命乃從其兄乞得兵器，殺了當藝志美美。故其御名亦謂之建沼河耳命。[35]爾時神八井耳命對其弟建沼河耳命讓道：

「我不曾殺得仇人。是你能夠殺掉仇人的。所以我雖然是你的長兄，不能居你之上。所以你應做天皇，治理天下，我當幫助你，做專司祭祀的人給你服務。」[36]

## 八九

日子八井命乃是茨田連，手島連的祖先，神八井耳命乃是意富臣，小子部連，坂合部連，火君，大分君，阿蘇君，筑紫三家連，雀部臣，雀部造，小長谷造，都祁直，伊余國造，伊勢船木直、尾張丹羽臣、島田臣等的祖先。神沼河耳命則治理天下。

凡此神倭伊波禮毗古天皇御年一百三十七歲，御陵在畝火山北方白檮尾的山頂上。

1 原本所無，今因便於查考，故特附入。此種謚號係模仿漢族文化而設，自大化革新，始有年號，始於公元六四五年，至文武天皇大寶二年（七〇二）命藤原不比等頒律令，撰定歷代天皇謚法。《古事記》成於和銅五年（七一二），已在定謚號之後，但《古事記》中不曾使用。

2 「一足騰宮」據本居宣長說，乃一邊臨宇沙川岸邊，以一柱立於河中，建設而成。但又一說云，此係一躍可上，沒有臺階的簡單宮室，又一說則據《日本書紀》云，「一足騰宮」，謂以一根柱子為中心，四面屋脊下垂，一種極簡素的小房子。

3 「速吸之門」據本居宣長說，即伊豫豐後間的海峽，其地潮流迅急，固有是稱。「龜甲」者蓋古代刳木為舟，形似龜殼。「振羽」謂振兩袖，意示招呼，或又說蓋指帆，狀如鳥羽。

4 此一句為原本所無，但《日本書紀》有之，寫作「珍彥」，讀仍作宇豆毗古，今據補入。

5 「槁」即上文「竹蒿」字，今北京猶名杉木之細者曰杪槁。

6 那賀須泥毗古《日本書紀》寫作「長髓彥」，即謂長脛。上古史上記反抗日本的人，多有異形，如下文有「土蜘蛛」及「生尾人」之類，亦惡名的一種也。

7 蓼津訓讀與楯津相同，借下楯的故事，說明蓼津的起原。

8 登美係地名，登美毗古為那賀須泥毗古的別稱，蓋原係登美地方的首領。

9 漢文寫作「崩」，訓讀為「神升」，蓋言成為神而上升，「升遐」雖是古語，取其意義相符，故取用之。「雄武的」原文作「男健」，故下文與「男之水門」有關。

10 今據本居宣長《古事記傳》，此處有脫文，需要補入「故建御雷神教曰，穿汝之倉頂，以此刀墮入」，凡十七字。然此十七字不補，義亦可通，或主張尊重原文，今從之。

11 次田氏謂此亦夢中所示，似較可信，因高木神不曾直接有所啟示也。

12 八咫鳥的解釋不一，或有謂八個頭，此非怪物，疑非是。〈古事記序〉中有「大鳥導於吉野」，只是指鳥之大者，第二八節「八尺鏡」亦作「八咫鏡」，亦是說大鏡罷了。鳥背日而飛，常從山地飛向平地，以是習性遂被認為日神的使者，為人嚮導。

13 「魚簍」原文作「筌」，係古漢文，惟今已不通用，《莊子》云：「筌者所以得魚，得魚而忘筌。」

14 「贄持之子」義云執贄的人，《日本書紀》寫作「苞苴擔」，苞苴注云「裹魚肉也」。此蓋為神之御子送魚鳥之類前來，故即以為姓氏。「鵜養」即是養鵜鶘以捕魚的人。

15 有尾的人從井裡出來，又分開岩石出來，均係指古代穴居的人，身被獸皮，所謂有尾者即言獸皮連尾也。「井冰鹿」的意義即云井光，「石押分」即云分開岩石。

16 宇陀郡有宇賀志村，宇賀志可寫作「穿」字，故設故事以說明其原因。

17 「訶夫羅」即鳴鏑，「訶夫羅前」此言鏑崎，今不詳其地。

18 田鷸日本自製字作從田從鳥，亦稱田鳥。大約宴饗中有此鳥，故以起興，並不以比喻他人，若下文的鷹，蓋以比兄宇迦斯。

19 「前妻」「後妻」，猶言大妻小妻，係指前娶的妻及後娶的妾。「扇骨木實」有棱角，言其實少肉，為下文「少給」作枕詞兼以形容。「柃」據《玉篇》云：「柃，似荊，可作染灰者也。」似多結實，事實未悉。此二句原文有疑問，解者只略疏大意罷了。

20 末四句係歌唱時附加嘲弄之詞，只是看他出醜的意思。

21 「土雲」係指土人，《日本書紀》寫作「土蜘蛛」，云「高尾張邑有土蜘蛛，其為人也身短而手足長，與侏儒相類」。所謂「八十個武士」，《日本書紀》作「八十梟帥」。

22「頭椎石椎的大刀」，係指一種大刀，其柄端如椎，故名，見上文第六二節。其說「石椎」者謂石頭作柄。或云「此係指石器」，惟如指石刀，則柄或應用木所作，此疑未必確也。

23 此處「花椒」原文寫作「薑」，惟據考證生薑系由中國傳人，上古尚無此物，故當解作「花椒」。此以比喻敵人，謂令人嘴裡覺得辣，一直不能忘記，非擊殺不可。

24 細螺大約二三分許，其殼似蝸牛而厚，表面淡青色，有種種花樣，肉可供食用。此以螺的迴旋比喻軍隊的包圍，用意尖新可喜。

25「島裡的」原作「島上的鳥」係「鵜」的枕詞，「鵜養部」即管養鵜鶘捕魚的人。第七八節所云「贄持之子」，見一一六頁注一。

26「畝火」即畝傍山，「白檮原」即橿原。《唐韻》云：「橿，萬年木也。」《詩疏》云，葉似杏而尖，白色，皮正赤，為木多曲少直，枝葉茂好，材可為弓弩幹也。橿原地不可考，後人因傳說想像假定，設橿原神社，祀神武天皇焉。

27 小椅《日本書紀》作「小橋」。

28 大妻為王后，其他為妃或夫人，蓋當初因帝業未定，王后不曾規定，但此或係後世封建時代的看法，並不的確。

29 日本古代茅廁多在河上，「廁」字讀作「波夜」，意云河屋。廁所下即河流，故赤矢可以從河中上衝。

30 富登係音讀，訓作「女陰」，多多良伊須須岐意云奔走狼狽，此蓋係俗說流傳，保存在傳說裡邊。《日本書紀》記其本名為「姬蹈鞴五十鈴姬命」，姬即比賣，蹈鞴即多多良，五十鈴即伊須須。多多良為腳踏的風箱，五十鈴者謂許多小鈴，繫於手足上借作裝飾，非狼狽奔走之意。且她的母親即名勢夜陀多良，多多良之名即承襲陀多良而來，陀即多之濁音。

31 「倭之國」今作大和，音讀作「耶麻騰」。

32 久米部多保留西南民族的遺風，於眼角刺青，使眼睛看似增大，看去可怕。因此對於大久米命，亦遂有此傳說。

33 此句解說頗有疑問，今採取橘守部的說法，取其最為單純。本居宣長謂歷舉鳥名，乃雨燕，鶺鴒，千鳥與鵐鳥，其眼睛圓大，與大久米命相比。

34 狹井與佐韋讀音相同。

35 「建」字意云猛將，如第八一節記「土蜘蛛」八十武士，亦稱作「建」，《日本書紀》則寫作「梟帥」。下文有倭建命，《日本書紀》寫作「日本武尊」，成為通稱。

36 「司祭祀的人」原文作「忌人」，意云齋主，日本古時候最重宗教，稱為政教一致，政事直譯的意思乃是「祭事」，故司祭亦是協助政事。

# 二、綏靖天皇以後八代

## 綏靖天皇

### 九〇

神沼河耳命（綏靖天皇）在葛城之高岡宮，治理天下。此天皇娶師木縣主的祖先河俣比賣而生的兒子，師木津日子玉手見命，只一位。此天皇御年四十五歲，御陵在衝田岡上。[1]

## 安寧天皇

### 九一

師木津日子玉手見命（安寧天皇）在片鹽之浮穴宮，治理天下。此天皇娶河俣毗賣之兄縣主殿延的女兒阿久斗比賣而生的兒子，常根津日子伊呂泥命，其次為大倭日子暗友命，其次為師木津日子命。此天皇的三位兒子之中，大倭日子暗友命治理天下。其次師木津日子命的兒子共有兩位。其一位的子孫是伊賀須知之稻置，那婆理之稻置，三野之稻置的祖先。又一位的兒子，和知都美命在淡道之御井宮。此王子有兩位女兒，女兒名為蠅伊呂泥，又名意富夜麻登久邇阿禮比賣命，女弟名為蠅伊呂杼。

天皇御年四十九歲，御陵在畝火山之美富登。[2]

## 懿德天皇

九二

大倭日子暗友命（懿德天皇）在輕地之境岡宮，治理天下。此天皇娶師木縣主之祖先，賦登麻和訶比賣命，又名飯日比賣命而生的兒子，御真津日子訶惠志泥命，其次為多藝志比古命，凡二位。其御真津日子訶惠志泥命治理天下。其次當藝志比古命為血沼別，多遲麻之竹別，葦井之稻置的祖先。

天皇御年四十五歲，御陵在畝火山之真名子谷上邊。

## 孝昭天皇

九三

御真津日子訶惠志泥命（孝昭天皇）在葛城之掖上之宮，治理天下。此天皇娶尾張連的祖先，奧津余曾的妹子，余曾多本比賣命而生的兒子，天押帶日子命，其次為大倭帶日子國押人命，凡二位。其弟大倭帶日子國押人命治理天下。兄天押帶日子命為春日臣，大宅臣，粟田臣，小野臣，柿本臣，壹比韋臣，大坂臣，阿那臣，多紀臣，羽栗臣，知多臣，牟耶臣，都怒山臣，伊勢飯高君，壹師君，近淡海國造的祖先。

天皇御年九十三歲，御陵在掖上的博多山上。

## 孝安天皇

### 九四

大倭帶日子國押人命（孝安天皇）在葛城的室之秋津島宮，治理天下。此天皇娶侄女忍鹿比賣命而生的兒子，大吉備諸進命，其次為大倭根子日子賦斗邇命，凡兩位。大倭根子日子賦斗邇命治理天下。

天皇御年一百二十三歲，御陵在玉手岡上。

## 孝靈天皇

### 九五

大倭根子日子賦斗邇命在黑田之廬戶宮，治理天下。此天皇娶十市縣主的祖先，大目的女兒細比賣命而生的兒子，大倭根子日子國玖琉命，一位。又娶春日的千千速真若比賣而生的女兒，千千速比賣，一位。又娶意富夜麻登玖邇阿禮比賣命而生的子女，夜麻登登母母曾毗賣命，其次為日子刺肩別命，其次為比古伊佐勢理毗古命，又名大吉備津日子命，其次為倭飛羽矢若屋比賣命，凡四位。又娶阿禮比賣命女弟蠅伊呂杼而生的兒子，日子寤間命，其次為若日子建吉備津日子命，凡二位。此天皇的御子共凡八位，即王子五位，王女三位。大倭根子日子國玖琉命治理天下。大吉備津日子命與若日子建吉備津日子命二人，以齋甕[3]置於針間的冰河崎，從針間進去，平定了吉備國。故此大吉備津日子命為吉備上道臣的祖先，其次若日子建吉備津日子命為吉備下道臣，笠臣的祖先，其次日子寤間命為針間牛鹿臣的祖先。其次日子刺肩別命為高志之利波臣，豐國之國前臣，五百原君，角鹿海直的祖先。

天皇御年一百六歲，御陵在片岡之馬坂上邊。

## 孝元天皇

### 九六

大倭根子日子國玖琉命（孝元天皇）在輕地之堺原宮，治理天下。此天皇娶穗積臣等的祖先，內色許男命的妹子，內色許賣命而生的兒子，大毗古命，其次為少名日子建豬心命，[4]其次為若倭根子日子大毗毗命，凡三位。又娶內色許男命的女兒伊賀迦色許賣而生的兒子，比古布都押之信命。又娶河內青玉的女兒波邇夜須毗賣而生的兒子，建波邇夜須毗古命，一位。此天皇的兒子共計五位。若倭根子日子大毗毗命治理天下。其兄大毗古命的兒子建沼河別命為阿倍臣等的祖先，其次比古伊那許志別命，此為膳臣的祖先。

## 九七

比古布都押之信命娶尾張連等的祖先，意富那毗的妹子葛城之高千那毗賣而生的兒子，味師內宿禰，為山代內臣的祖先，又娶木國造的祖先，宇豆比古的妹子山下影日賣而生的兒子，名建內宿禰。此建內宿禰的兒子共有九人，即男七人，女二人。波多之八代宿禰為波多臣，林臣，波美臣，星川臣，淡海臣，長谷部君的祖先。其次許勢之小柄宿禰為許勢臣，雀部臣，輕部臣的祖先。其次蘇賀之石河宿禰為蘇我臣，川邊臣，田中臣，高向臣，小治田臣，櫻井臣，岸田臣等的祖先。其次平群之都久宿禰為平群臣，佐和良臣，馬之御樴連[5]等的祖先。其次木角宿禰為木臣，都奴臣，坂本臣的祖先。其次久米之摩伊刀比賣，其次怒之伊呂比賣，其次葛城之長江曾都毗古為玉手臣，的臣，生江臣，阿藝那臣等的祖先。又其少子宿禰為江野之財臣的祖先。

天皇御年五十七歲，御陵在劍池之中岡上。

# 開化天皇

## 九八

若倭根子日子大毗毗命（開化天皇）在春日之伊耶河宮，治理天下。此天皇娶旦波大縣主由碁理的女兒竹野比賣而生的兒子，比古由牟須美命，一位。又娶庶母伊迦賀色許賣命而生的兒子，御真木入日子印惠命，其次御真津比賣命，凡二位。又娶丸邇臣的祖先，日子國意祁都命的妹子意祁都比賣命而生的兒子，日子坐王，一位。又娶葛城之垂見宿禰的女兒鸇比賣而生的兒子，建豐波豆羅和氣王，一位。此天皇的子女共計五位，王子四位，王女一位。

## 九九

御真木入日子印惠命治理天下。其兄比古由牟須美命的兒子，大筒木垂根王，其次贊岐垂根王，凡二王。此二王的王女共有五位。其次日子坐王娶山代的荏名津比賣，又名苅幡戸辨而生的兒子，大俣王，其次小俣王，其次志夫美宿禰王，凡三位。又娶春日之建國勝戸賣的女兒沙本之大暗見戸賣而生的兒子，沙本毗古王，其次袁耶本王，其次沙本毗賣命，又名佐波遲比賣。此沙本毗賣命為伊久米天皇[6]的王后。其次室毗古王，共四位。又娶近淡海御上山司祭祀的天之御影神的女兒息長水依比賣而生的兒子，丹波之比古多多須美知能宇斯王，其次水穗之真若王，其次神大根王，又名八瓜入日子王，其次水穗之五百依比賣，其次御井津比賣，凡五位。又娶其母的女弟袁祁都比賣命而生的兒子，山代之大筒木真若王，其次比古意須王，其次伊理泥王，凡三位。日子坐王的王子共凡十五王。

## 一〇〇

兄大俣王的王子曙立王，其次菟上王，凡二位。此曙立王為伊勢的品遲部君，伊勢的佐那造的祖先。其次菟上王為比賣陀君的祖先。其次小俣王為當麻之勾君的祖先。其次志夫美宿禰王為佐佐君的祖先。其次沙本毗古王為日下部連、甲斐國造的祖先。其次袁耶本王為葛野別、近淡海之蚊野別的祖先。其次室毗古王為若狹之耳別的祖先。美知能宇志王娶丹波河上的摩須郎女而生的王子，比婆須比賣命，其次真砥野比賣命，其次弟比賣命，其次朝廷別王，凡四位。此朝廷別王為三川之穗別的祖先。美知能宇志王之弟水穗之真若王為近淡海之安直的祖先。其次神大根王為三野國之本巢國造、長幡部連的祖先。其次山代之大筒木真若王娶同母弟伊理泥王的女兒丹波之阿治佐波毗賣而生的王子，迦邇米雷王。此王娶丹波之遠津臣的女兒高材比賣而生的王子，息長宿禰王。此王娶葛城之高額比賣而生的王子，息長帶比賣命，其次虛空津比賣命，其次息長日子王，凡三位。此王為吉備之品遲君，針間之阿宗君的祖先。又息長宿禰王娶河俣之稻依毗賣而生的王子，大多牟坂王，此為多遲摩國造的祖先。上邊所說的建豐波豆羅和氣王為道守臣，忍海部造，御名部造，稻羽之忍海部，丹波之竹野別，依網之阿毗古等的祖先。

天皇御年六十三歲，御陵在伊耶河的坂上。

1 《古事記》文字，據序文所說，係集合「帝皇日繼」，即歷史部分的帝紀，以及「先代舊辭」，即神話傳說部分，混合而成，所以各節多有此兩種分子。綏靖天皇以後八代所記，則全是帝紀，沒有什麼舊辭在內。

2 《日本書紀》作「陵在畝傍山南御陰井上」。

3 「齋甕」言潔齋的酒甕，以土器盛酒，用以祭神。

4 「豬」係野豬，「豬心」謂有勇敢的心，猶歐洲人說獅心也。

5 馬御樴連似因其職掌而得名，但意義原注云未詳。

6 伊久米天皇《日本書紀》寫作「活目天皇」，即下文垂仁天皇。

# 三、崇神天皇

## 后妃及皇子女

### 一○一

御真木入日子印惠命（崇神天皇）在師木之水垣宮，治理天下。此天皇娶木國造荒河刀辨的女兒遠津年魚目目微比賣而生的王子，豐木入日子命，其次豐暗比賣命，凡二位。又娶尾張連的祖先，意富阿麻比賣而生的王子，大入杵命，其次八坂之入日子命，其次沼名木之入日賣命，其次十市之入日賣命，凡四位。又娶大毗古命的女兒御真津比賣命而生的王子，伊久米伊理毗古伊佐知命，其次伊耶能真若命，其次國片比賣命，其次千千都久和比賣命，其次伊賀比賣命，其次倭日子命，凡六位。此天皇的兒子共計十二位，王子七人，王女五人。伊久米伊理毗古伊佐知命治理天下。其次豐木入日子命為上毛野君，下毛野君等的祖先。妹豐暗比賣命齋祭於伊勢之大神宮。其次大入杵命為能登臣的祖先。其次倭日子命，從這個王的時候起，始於陵墓建立人垣。[1]

## 美和的大物主

### 一〇二

當此天皇在位的時候，疫病盛行，人民將要死盡。天皇很是愁嘆，於是齋戒沐浴，求夢於神，大物主大神乃於夢中顯現，說道：

「這疫病乃是我的意思。去找意富多多泥古[2]來，給我祭祀，那麼神的災祟不起，國也可以平安了。」乃遣驛使四方，訪求叫作意富多多泥古的人，這在河內的美努村找到了。於是天皇問他道：

「你是什麼人的兒子呢？」那人回答道：

「大物主大神娶陶都耳命的女兒活玉依比賣而生的兒子名為櫛御方命，其兒子為飯肩巢見命，其兒子為建甕槌命，又其兒子即是我意富多多泥古。」於是天皇大為高興，說道：

「今天下可以太平，人民可以繁榮了吧。」乃命意富多多泥古命為齋主，致祭於意富美和大神[3]之前。又命伊迦賀色許男命，製作了許多祭祀用的陶器，給天神地祇[4]之社，規定了祭祀的制度。又獻赤色的楯矛於宇陀墨坂神，黑色的楯矛於大坂神，又對於坂上之神，河瀨之神，亦悉獻奉幣帛，無有遺忘。因此疫氣悉息，國家平安了。

一〇三

知道這個意富多多泥古是神的兒子的原因是：上邊所說活玉依比賣是個美貌的人。爾時有神人，容貌威儀世無倫比，於夜半時，倏忽來就。於是兩相愛戀，同居共住[5]的時候，不久那個少女就有孕了。其父母很以有孕的事為怪，問其女兒道：

「你這樣子當然是懷孕了。但是沒有丈夫，怎樣會得有孕的呢？」女兒答道：

「有壯麗的男子，雖然不知道他的名字，每夜來同居，便自然有了孕了。」於是父母想要知道這個男子，便教女兒道：

「你把赤土散在床前，麻線穿在針裡，刺在他的衣裾上邊好了。」女兒照著所教的做了，到了早晨看時，針裡穿的麻線從門的鑰匙孔裡通過，剩下的麻只有三輪[6]罷了。於是從鑰匙孔裡出去的麻線尋了去，到了美和山神社裡便停住了。因此知道了這裡神的御子的原因。因為麻線剩下了三輪，所以其地稱做三輪。這意富多多泥古命為神君，鴨君的祖先。

## 將軍的派遣

一〇四

又當此天皇在位的時候，派遣大毗古命到高志道去，並派其子建沼河別命到東方十二道去，平定那些不順的人們，又派日子坐王到旦波國，去殺名叫玖賀耳之御笠的人。大毗古命往高志國的時候，有著裙的少女，立在山代的幣羅坂上，作歌道：

「御真木入日子呀，
御真木入日子呀！
自己的命要被竊取了，
從後門躲來躲去，
從前門躲來躲去，
窺探著還是不知道。
御真木入日子呀！」7

於是大毗古命覺得奇怪，回轉馬頭去，問那少女道：

「你這所說的是什麼呀？」爾時少女答道：

「我不說什麼，我只是唱著歌罷了。」說著這話，便忽然消滅，不知去向了。

## 一〇五

爾時大毗古命便更回來，告知天皇的時候，天皇說道：

「這是在山代國的我的庶兄，建波邇安王有邪心了，所以有此預兆吧。伯父可興軍前去。」即派丸邇臣的祖先日子國夫玖命為副，以齋甕陳於丸邇坂上，祭祀而行。到了山代的和訶羅河的時候，建波邇安王興兵相待，各挾河對坐而相挑戰。故其地名為伊杼美，現今稱伊豆美云。[8]爾時日子國夫玖命說道：

「先從那廂的人放淨箭過來吧。」[9]於是建波邇安王射箭而中，日子國夫玖命所射的箭卻把建波邇安王射死了，故其軍悉敗而逃散。於是追迫逃軍，到了久須婆之渡的時候，皆被迫惶窘，屎出墜褌上，故其地名為屎褌，今謂久須婆云[10]。又其逃軍被邀擊，如鸕鷀之浮於河，故謂其河曰鵜河。又因大屠軍士於此，故其地名為波布理曾能。[11]如是平定已畢，乃回去復奏。

## 一〇六

大毗古命依照從前的命令，往高志國去了，其從東方所派遣的建沼河別，與其父大毗古命相逢於會津。故其地名為會津。以是各所遣國的政事悉平，據以復奏。於是天下太平，萬民富榮。乃始徵收男子弓矢所獲，女子手藝所得，用作貢品。故後人讚美御世，稱始建國之御真木天皇。又亦在那時候，始作依網池，亦作輕地之酒折池。

天皇御年一百六十八歲，戊寅年十二月升遐，御陵在山邊道的勾之岡上。

1 意謂從王死去時，始用人殉葬。「人垣」者周圍列人如牆垣，用作警衛，葬時用人埋半身土中，《魏志》在〈倭人傳〉中云：「卑彌呼以死，大作冢，徑百餘步，殉葬者奴婢百餘人。」蓋其來已古，未必始於此時。後世改用俑，日本名為埴輪，相傳起於垂仁天皇的時候，這種習俗的變革，未免說的時間太短了。

2 意富多多泥古，或寫作「大多田根子」。

3 意富美和大神即大美和大神，亦即大物主大神。

4 天神地祇，天神此指高天原的諸神，地祇則指本來在下土的神們，以及本是天神的後代，但在天孫下降以前，便來到地上，成為土著的各神。

5 上古時日本婚姻，多係男子往就女家，往往有邂逅相遇，不識姓名者，後代小說中常有之，如《源氏物語》中便有類似的故事。

6 麻線繞成圓團，完了才剩下了三圈，原文云「三勾」，讀作美和。此即作為三輪山地名的解釋。

7 共句據《日本書紀》作「盡與宮女遊戲」，疑《古事記》脫誤。橘守部謂意言派遣武將到四方去，宮中卻防備無人。

8 伊杼美意即云「挑」，伊豆美今云水泉鄉。

9 「淨箭」謂齋戒謹慎，禱告與神而射的箭，古時比箭，最初所射的箭名此。

10 久須婆之渡在河內國交野郡，舊稱葛葉鄉，今作樟葉村。因其音與久曾婆迦麻（屎褲）相近，故傳訛有此傳說作為解說，此類故事甚多。

11 波布理曾能可譯作「屠園」，實在名「祝園鄉」，見於《倭名類聚抄》。

# 四、垂仁天皇

## 后妃及皇子女

一〇七

伊久米伊理毗古伊佐知命（垂仁天皇）在師木之玉垣宮，治理天下。此天皇娶沙本毗古的妹子，佐波遲比賣命而生的王子，品牟都和氣命，一位。又娶旦波比古多多須美知能宇斯王的女兒，冰羽州比賣命而生的王子，印色之入日子命，其次大帶日子淤斯呂和氣命，其次大中津日子命，其次倭比賣命，其次若木入日子命，凡五位。又娶冰羽州比賣命的女弟，沼羽田之入毗賣命而生的王子，沼帶別命，其次伊賀帶日子命，凡二位。又娶沼羽田之入日賣命的女弟，阿耶美能伊理比賣命而生的王子，伊許婆夜和氣命，其次阿耶美都比賣命，凡二位。又娶大筒木垂根王的女兒迦具夜比賣命而生的王子，袁那辨王，一位。又娶山代的大國淵的女兒苅羽田刀辨而生的王子，落別王，其次五十日帶日子王，其次伊登志別王，凡三位。又娶那個大國淵的女兒弟苅羽田刀辨而生的王子，石衝別王，其次石衝毗賣命，又名布多遲能伊理毗賣命，凡二位。此天皇的御子等共計十六位，王子十三人，王女三人。

## 一〇八

大帶日子淤斯呂和氣命治理天下。御身長一丈二尺，脛長四尺一寸。[1]其次印色入日子命作血沼池，又作狹山池，又作日下的高津池，又在鳥取之河上宮，作大刀一千口，獻納於石上神宮，即在其宮中定河上部的部屬。[2]其次大中津日子命為山邊別，三枝別，稻木別，阿太別，尾張國的三野別，吉備的石無別，許呂母別，高巢鹿別，飛鳥君，牟禮別等的祖先。其次倭比賣命齋祭於伊勢的大神宮。[3]其次伊許婆夜和氣王為沙本穴太部別的祖先。其次阿耶美都比賣命嫁於稻瀨毗古王。其次落別王為小月之山君，三川之衣君的祖先。其次五十日帶日子王為春日之山君，高志之池君，春日部君的祖先。其次伊登志和氣王因為無子，規定伊登志部，代為子嗣。[4]其次石衝別王為羽咋君，三尾君的祖先。其次布多遲能伊理毗賣命即為倭建命[5]的王后。

# 沙本毗古之叛亂

## 一〇九

此天皇娶了沙本毗賣[6]為后的時候，沙本毗賣命之兄沙本毗古王向他的同母妹說道：

「丈夫同親兄，哪一個更親呢？」答說道：

「當然是親兄更親了。」於是沙本毗古王設計道：

「你真是覺得我更親愛，那麼我同你來共同治理天下吧。」即做幾經鍛鍊的有帶的小刀，給與他的妹子說道：

「你拿了這小刀，在天皇睡覺的時候，刺死他吧。」天皇不知他們的謀畫，乃枕王后的膝而睡。於是王后拿了有帶的小刀，將刺天皇的頸項，三度舉起刀來，可是不勝哀憐之情，終不得刺，乃哭泣淚落面上。天皇驚起，問王后道：

「我看見奇異的夢。從沙本方面有驟雨落來，忽然把面孔灑濕了。又有錦紋的小蛇，纏住我的頸項。這樣的夢究竟是何預兆呢？」王后知道事情不能隱瞞，乃說道：

「我兄沙本毗古王對我說道：丈夫同親兄，哪一個更是親愛呢？當面不好說別的，只能答道：當然是親兄更親愛了。於是對我要求道：我同你來共同治理天下，你去把天皇殺了吧。便做幾經鍛鍊的有帶的小刀交給我，想拿了這個刺人頸項，可是三度舉起刀來，忽然起了哀憐之情，終不得刺，哭泣落淚，滴在臉上了。那必定是這個預兆吧。」

## 一一〇

於是天皇乃說道：

「我幾乎受了欺騙了。」乃興兵往擊沙本毗古王，其時王做稻城[7]，用以迎戰。沙本毗賣命因感念兄弟之情不能自已，乃從後門逃出，歸於稻城。此時王后蓋已有孕，天皇對於王后仍甚愛重，所以經過了三年故意遲延，不立即進攻。在這樣遷延著的時候，懷孕著的王子也已生下來了。王后乃將王子放在稻城的外面，對天皇說道：

「若是天皇把這王子當作自己的兒子，請撫養他吧。」天皇對其兄雖是怨恨，但於王后還有恩愛割捨不得，心裡想得到她。以是在軍士之中，選取輕捷的力士，囑咐他們道：

「去取王子的時候，連那母后一起抓了來。或是頭髮，或是兩手，隨便抓到什麼地方，便拉了來吧。」可是王后也預先料知這樣情形，乃悉把頭髮剃去，以髮覆頭上，再把玉串腐爛了，三重繞在手上，又用酒把衣服腐爛，像好衣服似的穿在上面。這樣布置好了，始抱了王子，來至城外。力士們接過了王子來，再想去抓住母后的內候，抓住頭髮，頭髮自落，握御手時玉串又斷，握御衣時衣悉破碎。以是得到了王子，母后卻終於得不到。軍士們回來奏聞道：

「御髮自落，御衣復破，手上玉串亦悉斷絕，母后終得不到，只把王子取來了。」天皇非常悔恨，深惡做玉串的人們，把他們的領地悉行剝奪了。[8]故俗諺有云，沒有領地的玉作。

## 一一

天皇又傳命對王后說道：

「凡兒子的名字，必須母親所定，今此王子叫做什麼好呢？」王后答道：

「今當火燒稻城的時候，在火中所生，所以他的名字應該稱作本牟智和氣王子。」[9]又問道：

「怎麼樣養育呢？」回答道：

「決定乳母，和保育的人們，養育就好。」[10]於是便依了王后所說那樣的養育了。又問王后道：

「你所結的衣帶，有誰可以解得呢？」[11]回答道：

「旦波比古多多須美智能宇斯王的女兒，名字叫做兄比賣與弟比賣二位王女，是高潔的人，可以供使令。」如是之後，遂在沙本毗古王被殺的時候，其同母妹亦從之而死了。[12]

## 本牟智和氣王子

### 一一二

率領了這個王子遊戲的情狀，在尾張的相津有兩杈的杉樹，做為兩杈的小船，[13]帶到倭之市師池，輕池來浮著，叫王子遊玩。但此王子雖長至八拳之鬚垂至胸前，還不能說什麼話。只有在聽到空中飛過的鶴的叫聲，這才能發出咿啞的聲音。於是便派遣山邊之大鷹這個人，去取這鳥來。那人追趕那鶴，從木國到針間國，再追到稻羽國，至於旦波國和多遲麻國，又往東方追去，到了近淡海國，過三野國，從尾張國轉至科海國，終乃追至高志國，在和那美水門張起網來，遂捕獲這鳥，拿回來獻上。故其水門，名為和那美水門。[14]但是看了這鳥，以為可以說話了吧，這也並不如所預料，終於不曾說話。[15]

一一三

天皇於是很是煩惱，在睡覺的時候，夢見神說道：

「假如把我的殿造得同天皇的宮殿的樣子，那麼王子必定能說話了。」乃用大卜占問，這是哪一位神道的意思，原來這乃是出雲大神的指示。[16]因此命這王子到那大神的宮去禮拜，其時占問叫誰做副手去好呢，爾時曙立王乃與占相合。於是命曙立王往誓於神云：

「倘拜這大神誠有效驗，在這鷺巢之池的樹上的鷺，因我的誓願而落下。」這樣說了的時候，果然因了誓願，鷺乃落地而死。又說道：

「因誓願而活過來。」鷺又活過來了。又將在甜白檮之崎的闊葉大白檮樹，因了誓願把它咒枯，又把它咒活了。乃賜曙立王名號，稱為倭者師木登美豐朝倉曙立王。[17]即命曙立王與菟上王為副，同王子前去的時候，卜辭云：

「從那良戶去，要遇見跛子瞎子的吧。從大坂戶去，也要遇見跛子瞎子的吧。[18]但從木戶去，雖是彎路，卻是吉祥的路。」於是便從那裡走去，所到之處都定為品遲部屬。

## 一一四

到了出雲地方，禮拜出雲大神已畢，將要回來的時候，在肥河上邊，做了黑巢橋，[19]建造臨時宮殿住下了。爾時出雲國造的祖先，名叫岐比佐都美的人，飾做青葉山[20]立於河下，將進御宴的時候，王子乃說道：

「這河下像是青葉山似的東西，看去是山，而又不是山，那是在出雲石隈的曾宮裡的葦原色許男大神[21]的齋主的祭壇麼？」同去的諸王聽見歡喜，[22]請王子暫駐於檳榔[23]的長穗宮，派遣驛使奏聞。在那裡王子與肥長比賣結婚，只過了一夜。其時王子窺見少女，乃是一條大蛇。王子見了害怕，故而逃避了。肥長比賣很是悲傷，有光照著海上，乘船追來，[24]愈加害怕了，乃從山嶺上將船拖過去了，[25]便逃走了。乃覆奏於天皇道：

「因為拜了出雲大神，王子已能說話，所以回京來了。」天皇大為喜歡，即叫菟上王回去，建造神宮。於是天皇因了王子的緣故，規定鳥取部，鳥飼部，品遲部，大湯坐，若湯坐[26]各部屬。

# 丹波之四女王

## 一一五

天皇因了王后沙本比賣的陳說，乃往召美知能宇斯王的女兒，比婆須比賣命，其次弟比賣命，其次歌凝比賣命，其次圓野比賣命，凡四位前來應召。但只留下了比婆須比賣命和弟比賣命二位，其他二位王女因姿容醜惡，送還本地。於是圓野比賣命說道：

「同是姊妹之中，以貌醜送還，鄰里知道了，甚是羞慚。」乃於到了山代國的相樂的時候，心想掛在樹枝上尋死。故其地號稱懸木，今叫作相樂。[27]又到了弟國時，遂墮入深淵而死。故謂其地曰墮國，今叫作弟國云。[28]

## 非時香果

一一六

又此天皇曾命三宅連等的祖先，多遲摩毛理遣往日沒國，求非時香果。[29]多遲摩毛理終於到了那地方，[30]採集那果子，帶葉的八串，帶枝的八株，[31]但是在那期間天皇已經升遐了。於是多遲摩毛理乃將帶葉的四串，帶枝的四株，獻於太后，別以帶葉的四串，帶枝的四株，置於天皇御陵戶的前面，手擎果實而號哭道：

「日沒國的非時香果，現在獲得獻上了。」於是遂號哭而死。其所謂非時香果即今時的橘子是也。

一一七

此天皇御年一百五十三歲，御陵在菅原之御立野中。又王后比婆須比賣命的時候，規定石祝作，又規定土師部。[32]此王后葬於狹木之寺間的陵裡。

1 「丈」訓作「杖」，古代以丈量物，故有是稱。或說此乃周尺，一尺當今曲尺七寸六分。

2 服務於河上宮的人民稱曰河上部，被指定為王的代理者也。

3 大神宮初在大和之笠縫邑，至是始命倭比賣命相地於伊勢國五十鈴川上之地，以後相沿至今。第一〇一節謂妹豐暗比賣命齋祭於伊勢的大神宮，係根據後世的說法，其時實尚未遷也。

4 原文云「子代」，謂天皇王后及王子等，假如無子，慮其名字後世或被遺忘，因指定部民繼承其名，有如子嗣。

5 倭建命見下第一二二節，《日本書紀》寫作「日本武尊」。

6 王后本名佐波遲比賣，因為是沙本毗古王的妹子，所以又稱為沙本毗賣。

7 稻城係古代的臨時防禦工事，在家屋周圍，積稻為垣，以防弓箭，猶後世的土囊。《日本書紀》云：「積稻做城，其堅不可破，此謂稻城也。」

8 因為做玉串的人使串索腐爛，故天皇憎恨，沒收其領地。後世有「玉作沒有封地」的諺語，遂附會其事，謂其起源在於此時。

9 「本」日本語訓作「火」，「牟智」者尊稱，「和氣」者少年之意，大意云火中御子。

10 原文云「大湯坐，若湯坐」，《日本書紀》作「湯人」，謂職司小兒沐浴的人，大與若者猶言正副的差別。

11 古代夫婦互結下裳的帶，相約再會時方得解開，猶中國云結縭之意。

12 《古事記》所言，似沙本毗古為王師所殺，惟《日本書紀》云：「時火興城崩，軍眾悉走，狹穗彥與妹共死於城中。」似二人同投於火中，狹穗彥即沙本毗古。

13 古代刳木為舟，這是兩杈的巨木，挖空了成為雙歧的船。《日本書紀》中說履中天皇作「兩枝船」，泛於池中，與王后分乘之，以為遊戲。
14「和那美」訓作「羂網」。
15本來預料，王子看到這鳥，可以說話，現在卻並不如此，直到拜了出雲大神，這才開口。但《日本書紀》說，捕鳥的人乃是天湯河板舉，他在出雲捕到這鳥，王子看了始能說話。
16出雲大神即是大國主神。上文說讓國的地方，第五八節大國主神已有此要求，今復有此事，或者出雲大神一時衰頹的緣故吧。惟此等事原出神話，則前後重出，亦正是常有的事，這種惟理的解釋也用不著了。
17師木，登美與朝倉，都是大和（倭）的地名，這裡重疊的加上，用意不詳。
18古代行旅多所忌諱，如路上遇見殘疾的人，皆是不祥，故預先忌避。
19黑巢橋謂帶皮的木材所搭成的橋。
20青葉山據本居宣長說，造成假山，上生青葉的樹，備進宴時眺望。
21葦原色許男大神為大國主神的別名。
22忽聞王子開口說話，故曙立王等同來的人，見此情形，無不喜悅。
23檳榔實係蒲葵樹，在日向薩摩等處茂生，雖相承寫作此二寫，實與藥用的檳榔並不相同。
24上文第四八節說御諸山之神走來，亦云「有光照著海上」，蓋是神道的常態，肥長比賣既然原形是一條大蛇，可知也不是常人了。
25古代沿海岸行駛的多係獨木舟，故拖上陸地，以至越山過嶺，都非難事。
26參看本節注一〇。
27圓野比賣初欲自縊。蓋為侍女等所救，其地稱為懸木（Sagariki），相樂則讀作 Sagaraka，此地名緣起的傳說，照例多出於附會者為多。

28 《日本書紀》稱圓野比賣作竹野媛，本文云：「惟竹野媛者，因形姿醜返於本土，則羞其見返，葛野自墮輿而死之，故號其地曰墮國，今謂弟國訛也。」墮國讀作 Otikuni，弟國則為 Otokuni，今寫作「乙訓」。

29 「日沒國」原文作「常世國」。係指外國而言，但這裡蓋謂亞洲大陸。「常世」訓作「恆久」，但或可讀作「長夜」，指西方日沒處，猶古代稱中國曰「吳」，讀作 Kure，訓與「暮」同。非時香果原語云「四時皆有的香的果實」，《日本書紀》寫作「非時香果」，今從之，非時者猶云不定時，橘熟於夏，經秋至冬尚在枝頭，故如此說。

30 此言到處尋求，歷時甚久，《日本書紀》云，往復計費了十年的工夫。

31 原文云，「縵又縵，矛八矛」，今據本居宣長的解說，或說此係指苗木，縵謂蟠曲如蔓，矛則直立的，但此與橘樹不相適合。

32 「石祝作」係製造石棺的部民，蓋古代從此時起始用石棺，「土師部」則專製明器及土偶者。

# 五、景行天皇與成務天皇

## 后妃及皇子女

一一八

大帶日子淤斯呂和氣天皇（景行天皇）在纏向的日代宮，治理天下。此天皇娶吉備臣等的祖先，若建吉備津日子的女兒，針間之伊那毗能大郎女[1]而生的王子，櫛角別王，其次大碓命，其次小碓命，又名倭男具那命，[2]其次倭根子命，其次神櫛王，凡五位。又娶八坂之入日子命的女兒八坂之入日賣命而生的王子，若帶日子命，其次五百木之入日子命，其次押別命，其次五百木之入日賣命，又妾子豐戶別王，其次沼代郎女。又妾子沼名木郎女，其次香余理比賣命，其次若木之入日子王，其次吉備之兄日子王，其次高木比賣命，其次弟比賣命。又娶伊那毗能大郎女的女弟，伊那毗能若郎女而生的王子，真若王，其次日子人之大兄王。又娶倭建命的曾孫，須賣伊呂大中日子王的女兒，訶具漏比賣[3]而生的王子，大枝王。

## 一一九

此大帶日子天皇的王子，據所記錄的二十一王，未記的五十九王，總凡八十王。其中有若帶日子命、倭建命及五百木之入日子命，此三王子負有太子之名，其餘七十七王悉分封為各國的國造，以及和氣，稻置及縣主等。[4]若帶日子命治理天下。小碓命往征東西的凶神，平定不服的人們。其次櫛角別王為茨田下連等的祖先。其次大碓命為守君，太田君，島田君的祖先。其次神櫛王為木國之酒部阿比古，宇陀酒部的祖先。其次豐國別王為日向國造的祖先。

## 一二〇

天皇聽得三野國造的祖先，大根王的女兒們兄比賣與弟比賣，容姿美麗，乃命王子大碓命去，召她們來。但是被派遣去的大碓命並不召來，自己卻同那兩個少女私通了，另外去找來兩個女人，假做那兩個少女獻了上來。於是天皇知覺了是別的女人，便長時間地看著，也不召幸，使那兩女人恍惚不安。其大碓命娶了兄比賣而生的王子，押黑兄日子王，此為三野之宇泥須和氣的祖先。又娶弟比賣而生的王子，押黑弟日子王，此為牟宜都君等的祖先。在此時代規定田部，又規定東淡水門，又定膳之大伴部，倭之屯家，又作坂手池，於其堤上植竹。

## 倭建命的西征

一二二

天皇對小碓命說道：

「你的阿兄為什麼早晚不出來進食呢？你可專去勸導勸導他吧。」這樣說了之後，過了五日，還不曾出來。天皇乃問小碓命道：

「為什麼阿兄久未出來？還沒去教訓他麼？」回答道：

「已經教導過了。」又問道：

「那麼是怎樣教導的呢？」回答道：

「我在早上往廁所去的時候，等著他把他抓住，將手腳拗斷了，用蒲包包裹，丟掉了。」於是天皇對於王子凶暴的性情感到恐怖，對他說道：

「今在西方有熊曾建[5]二人，是不肯服從的無禮的人。所以可去殺了他們。」便派遣他去。此時王子的頭髮還梳在額上。[6]於是小碓命從其姑母倭比賣命得到女人的衣裳，又將小劍納懷中而去。

一二三

爾時小碓命到了熊曾建的家去看時，其家的周圍有軍隊三重繞著，造做房屋居住。說是新築落成，要開宴會，準備食物。於是就在近地行走，等候宴會的日子到來。到宴會的時候，其所梳的頭髮像童女似的垂了下來，穿著姑母的衣裳，扮成童女模樣，夾雜在女人中間，走進房裡。爾時熊曾建兄弟二人看見這個少女，心裡喜悅，叫他坐在自己的中間，開始宴會遊樂。在酒宴正是熱鬧的時候，小碓命從懷中取出劍來，抓住熊曾建的衣領，用劍從胸間刺通，這時候其弟弟看見，恐懼逃了出去。乃追至臺階底下，抓住背脊，用劍從後面刺通了。爾時熊曾建說道：

「你且別動這刀，[7]我有話要說。」乃暫許不動，爬著按住了。於是說道：

「你是誰呀？」答道：

「我乃在纏向之日代宮，治理八大島國[8]的大帶日子淤斯呂和氣天皇的王子，名叫倭男具那王的便是。因為聽得你們熊曾建二人，不服而且無禮，所以叫來殺你們的。」爾時熊曾建說道：

「可不是嘛。在西方除我們二人之外，沒有武勇的人了。但在大倭國，卻還有比我們更是武勇的人。以是我要把御名獻給你。自今以後，你可稱為倭建王子吧。」這話說了，便同熟瓜一祥的，被斬殺了。這樣歸還的時候，山神、河神以及海峽之神，悉皆平定，遂回京來了。

## 出雲建

### 一二三

倭建命來至出雲，意欲殺出雲建，便去交結他做朋友。私下將赤檮做成假刀，佩在身邊，共去肥河洗浴。爾時倭建命先從河裡上來，把出雲建解下放在那裡的大刀，取來佩了，說道：

「我們把刀對換一下吧。」所以後來出雲建從河裡上來，佩了倭建命的假刀。於是倭建命又說道：

「現在且來比刀吧。」大家各自拔刀的時候，出雲建的假刀拔不出來，倭建命即拔出刀來，將出雲建擊殺了。爾時作歌曰：

「雲氣何蒙茸，[9]
出雲建所佩的大刀，
藤蔓纏得多好，[10]
只是沒有刀身。
好可惜呀！」

如是平定了，乃上京復奏。

## 倭建命的東征

### 一二四

於是天皇繼續對倭建命說道：

「東方十二道猶有凶神與不服的人，你去平定吧。」乃命吉備臣等的祖先，御暗友耳建日子為副，其時踢給柊骨木[11]之八尋矛。他受了命令出發，到伊勢大神宮，拜於神的廟廷，對其姑母倭比賣命[12]說道：

「天皇的意思大概是想我早點死吧。不然為什麼派我去擊西方的惡人，回來沒有多少時候，這回並不給我軍眾，又派出去平定東方十二道的惡人呢？因此想起來，還是在想要我早點死。」說著心裡悲傷，便哭泣起來的時候，倭比賣命給他草薙之劍，並一個口袋，說道：

「若有急事，可打開袋口來看。」

### 一二五

到了尾張國，住在尾張國造的祖先，美夜受比賣的家裡。本來欲結婚，但想還是回來的時候好，於是定了契約，往東國去了，將山裡河裡的凶神以及不服的人們悉皆平定了。爾時到了相武國，那裡的國造假造誑話來告訴道：

「這裡原野中間，有一個大的池沼。這個沼裡住著的神是個很兇暴的神。」[13]於是便進原野去觀察那神的時候，國造便在野上放起火來。倭建命知道是被騙了，即打開其姑母倭比賣命所給的袋口來看，只見裡頭是一塊火石。於是先以刀割去周圍的草，用那火石打出火來，相對放火，燒退過去，及至出來其國造等悉皆斬殺，因即放火燒卻了。[14]故其地至今名曰燒津。

## 一二六

從那裡上去，將要渡過走水海的時候，其渡口的神興起波浪來，船飄蕩著前進不得。爾時王后弟桔比賣命說道：

「我願意替代王子入水。[15]那麼王子所派遣的任務可以完成，前去復奏。」說了這話將要入海的時候，將草席八張，皮席八張，絹席八重，鋪在波浪上面，隨後坐在這上面下去了。於是風浪自然止息，船乃得進。爾時王后作歌曰：

「高高聳立的相模國的原野，
燒著的火焰，
在這樣火焰中間，
還問起我的夫君啊！」[16]

經過了七日之後，王后的櫛漂著到了海邊。乃取其櫛，做陵墓收容了它。

一二七

從那裡前進，悉平定了兇暴的蝦夷，[17]又山河的凶神亦已平定，回來的時候，到了足柄的坂本，正在進食，其時坂神[18]變為白鹿，來到跟前。於是將所吃剩的野蒜的剩餘打了過去，中在眼睛上便把它打死了。登上坂坡的時候，〔感念王后的事情，〕深為感歎，說道：

「唉唉吾妻呀！」[19]因此其國便稱作吾妻。

一二八

從這國過去，走到甲斐，住於酒折宮的時候，作歌曰：

「經過了新治與筑波，

〔到了此處，〕已經睡了幾夜？」

爾時燒火的老人[20]聽了，續下去道：

「算起日子來，夜是九夜，

日是十日。」

於是王子很稱讚這老人，叫他做了東國造。

## 一二九

從那國過去到了科野國，平定了科野的坂神，乃回到尾張國，住在以先有期約的美夜受比賣那裡。在進食的時候，美夜受比賣捧了酒杯獻上來。其時在美夜受比賣的衣裾上，有月經附著著。王子看見了乃作歌曰：

「瓢形的[21]天之香具山，
像快的鐮刀似的橫渡的白鵠，[22]
那麼細弱的柔腕，
我雖是要抱了睡，
我雖是想枕了睡，
但是在你穿的衣裾上，
月亮出來了。」

爾時美夜受比賣乃答歌曰：

「日光高照的日之御子，
天下平安的我的君王，
新的年來了又過去了，
新的月來了又過去了。

真是久等著你的來臨，
我所穿的衣裾上，
所以月亮出來了。」
於是便結婚了，將所佩草薙之劍，留下在美夜受比賣那裡，前去擊伊服岐能山的神去了。

## 思鄉之歌

一三〇

於是王子說道：

「我要空手取那山神來。」走到山上的時候，在山邊遇見了一隻白的野豬，其大如牛。

爾時乃說大話道：

「這化為白的野豬的，大概是神的使者吧。現在且不殺它，等回來時再殺。」說著仍舊上去。於是山神降了大雹，倭建命乃忽然昏倒了。這個化作白的野豬的，原來不是神的使者，乃是神的正身，因為王子說了大話，所以昏迷了。乃下山回來，到了玉倉部之清泉，休息著的時候，心裡稍為清醒一點了，故謂其清泉曰居寤清泉。

## 一三二

從那裡出發，到了當藝野的時候，說道：

「平時我的心總覺得在空虛中飛行的樣子，現在我的腳不能走路，成了轉舵的形狀了。」所以那地方便叫作當藝。[23]從那裡稍為前行，因為覺得很是疲勞，乃拄著杖走路。所以那地方叫作拄杖坂。到了尾津崎的獨棵松樹的地方，在以前進食的時候，忘記了的大刀卻還沒有失掉，仍在那裡。爾時作歌曰：

「直對著尾張國的
尾津崎的獨株松樹啊！
你若是個人，
便叫你佩上大刀，
叫你穿上衣服，
我的獨株松樹！」

從那地方到三重村的時候，說道：

「我的腿像三重餅[24]樣子，很是疲倦了。」所以那地方便叫作三重。

## 一三二

從那地方到了能煩野的時候，思鄉而作歌曰：

「大和是最勝的地方，
重疊圍繞著的青的牆垣，
圍在山裡的大和真美麗呀！」

又歌曰：

「性命保全的人們，
蒲席幾重的平群山上的，[25]
大葉白檮的葉子，
拿來插在那人的頭上吧。」

這歌乃是思鄉之歌。又歌曰：

「可愛呀，
從我的家鄉方面，
升上來的雲氣！」

此乃是片歌。[26]此時病很重了，乃作歌曰：

「在少女的床邊，

我放下來的那佩刀啊，
那個刀呀！」[27]

作此歌竟，即升遐了。於是乃遣驛使奏聞。

## 白鳥之陵

一三三

於是在大和的后妃及王子等，悉皆到來，建造陵墓，在那附近地方匍匐而行，號泣作歌曰：

「附近的田裡的稻莖，
在那稻莖上，
爬行著的箪蘚的藤蔓。」[28]

於是神靈化為八尋白鳥，[29]飛翔天空，向著海邊飛去。爾時后妃及王子等，其足雖為小竹的刈株割破，也忘記了痛苦，哭著追去。其時作歌曰：

「在小竹的原野中間，
腰腿走不動，
並不在空中走呀，[30]

乃是用腳走。」

又走進海水裡邊，走動很是吃力，又作歌曰：

「到了海的方面，

腰腿走不動，

像大河裡的水草一樣，

在海面漂浮著。」

鳥又飛到海邊去，其時作歌曰：

「海邊的海燕，

海邊是不能走，

是要沿著岩石走的呀。」31

此四首皆下葬時所唱的歌。自後至今，尚用於天皇的葬式。那白鳥從此地飛翔出去，至於河內國的志幾乃停住了。於是就在那裡造起陵墓來，就下葬了。乃即稱其陵墓曰白鳥之御陵。然其後更從那裡，飛翔而去。倭建命平定諸國而巡行著的時候，久米直的祖先名七握脛者，一直從行，充當膳夫的事。

## 倭建命的世系

### 一三四

倭建命娶伊玖米天皇的王女，布多遲能伊理毗賣命而生的王子，帶中津日子命，一位。又娶了入於海裡的弟桔比賣命而生的王子，若建王，一位。又娶近淡海之安國造的祖先，意富多牟和氣的女兒，布多遲比賣而生的王子，稻依別王，一位。又娶吉備臣建日子的妹子大吉備建比賣而生的王子，建貝兒王，一位。又娶山代之玖玖麻毛理比賣而生的王子，足鏡別王，一位。又妾出的王子，息長田別王。總計倭建命的王子，凡有六位。

### 一三五

帶中津日子命治理天下。其次稻依別王為犬上君，建部君等的祖先。其次建貝兒王為讚岐綾君，伊勢別，登袁之別，麻佐首，宮首別等的祖先。足鏡別王為鎌倉別，小津，石代別，漁田別的祖先。其次息長田別王的兒子為杙俣長日子王。此王的子女，飯野真黑比賣命，其次息長真若中比賣，其次弟比賣，凡三位。上面所說若建王娶了飯野真黑比賣而生的王子，須賣伊呂大中日子。此王娶淡海之柴野入杵的女兒，柴野比賣而生的王女，訶具漏比賣命。大帶日子天皇娶此訶具漏比賣命而生的王子，大江王，一位。[32]此王娶庶妹銀王而生的王子，大名方王，其次大中比賣命，凡二位。此大中比賣命為香坂王與忍熊王的母親。

大帶日子天皇御年一百三十七歲，御陵在山邊之道上。

## 成務天皇

一三六

若帶日子天皇（成務天皇）在近淡海的志賀之高穴穗宮，治理天下。此天皇娶穗積臣的祖先，建忍山垂根的女兒，弟財郎女而生的王子，和訶奴氣王，一位。乃以建內宿禰為大臣，[33]定大國小國的國造，及諸國的疆界，大縣小縣的縣主。

天皇御年九十五歲，乙卯年三月十五日升遐，御陵在沙紀之多他那美。

1 「郎女」乃對於女子親愛的稱呼，男子則稱「郎子」。「大郎女」猶言年長的女郎，其年幼者則稱「若郎女」。

2 倭男具那命，《日本書紀》寫作「日本童男」，即日本武尊的一別名，本居宣長謂具那蓋與髫髮之意有關，即垂髫云。

3 訶具漏蓋即黑髮之意。倭建命有子名若建王，若建王的女兒即訶具漏比賣，世代隔絕，於理無做后妃的可能，此處說是倭建命的曾孫女，明係誤記。

4 國造以下均係地方官吏，但由世襲，猶土司之類。

5 熊曾地名，即今熊本鹿兒島兩縣，《日本書紀》寫作熊襲。熊曾建者猶言熊曾武男的人，兄弟二人，《日本書紀》稱為厚鹿文及窄鹿文，惟《古事記》不舉其名。

6 《日本書紀》注云：「古俗年少兒年十五六間，束髮於額，十七八間分為角子，今亦然之。」「角子」即所謂總角。《日本書紀》稱小碓命此時年十六，蓋據《古事記》文推而知之。

7 熊曾建被刺未即死，當時如將刀拔去，將即死去，現因尚有話要說，故要求勿動。

8 八大島國即日本代稱，見上文第六節。

9 「云氣何蒙茸」係修詞上的枕詞，照例加在出雲的名詞的上面。

10 此言刀鞘及柄上多纏有葛蔓，以為裝飾，今多用以編織籃筐。

11 「柊骨」原文作「比比羅木」，冬青之屬，葉尖有刺，古代信有威力，能碎鬼怪。立春前夜，以柊骨刺鰯魚（沙丁魚）之頭，立門窗外，此風至今猶存。

12 當時倭比賣命以王女在伊勢大神宮，任齋主的職務，稱曰齋宮，猶後世的巫女。

13 所謂「凶暴的神」，即是指不服的土著的酋長。

14 這裡是那草薙劍的出典，因為先用劍薙去周圍的草以免延著。相對放火，本居宣長謂能使野火滅弱，《漢書・李陵傳》亦有「抵大澤葭葦中，虜乘上風縱火，陵亦令軍中縱火以自救」之文，但語焉不詳，不知是如何對放。近人黑板勝美解說，謂當先從所在地方燒起，及上風的火延燒過來，則此處已空無所有，可免於難，其說較為明確。又原文第二次說放火燒卻，乃是指所斬殺的敵人屍首，故積聚焚燒，但他處不見同樣記載，大概因為說明燒津地名的緣故吧。

15 古代迷信，如海興風浪，船不能進，相信海神欲得祭品，必須從舟中選取珍物，或美人，投入海中，風浪乃能平息。

16 這首歌乃弟桔比賣命臨入水的時候，懷念王子的恩情而作，謂當年遇見野火，萬分危急時，尚記念我。

17 蝦夷指埃奴人，日本原住的人民，今尚存東北一帶，因為多鬚，故俗稱蝦夷。古來抵抗日本民族的侵襲，最為勇猛，史稱「一騎當千」，後世歷代將軍故猶襲稱「征夷大將軍」，這名稱直至十九世紀始行廢止。

18 此坂神與第一二九節科野的坂神，均指蝦夷的酋長，不過這裡能變白鹿，有傳說的意味罷了。

19 原文作「阿豆麻波夜」，「波夜」是感嘆詞，「阿豆麻」義云吾妻。下文地名吾妻亦作阿豆麻，意云彼端，蓋指遠方，今通常寫作「東」字，猶云東國。

20 「燒火的老人」乃燃火守夜的人，後世衛士在儀式的時候，焚燒庭寮，蓋其遺風。

21 原本「天」的形容的枕詞，例作「久堅」，解作永久存在，似是後起的附會。一說解作瓢形，謂形似圓瓢，較為適合。

22 「白鵠」原本作「杙」，解作草木經鐮刀削去後剩下的根株，但與下文不甚連貫。或讀為「白鵠」，快的鐮刀乃是形容鳥的飛渡，再以鳥頸引起柔腕，似較為有意義，所以取了這一說了。

23 「當藝」原義蓋是舵，此言行走不便，轉向費力，為說明地名當藝之故，覺得文義不很暢達了。

24 原文作「三重之勾」，古代有勾餅，用糯米粉捏如螺貝之狀，用油煎之，或稱檈餅，蓋是中國古名，疑即寒具之類。此言王子的腿腫，有如勾餅的三重，即是三疊。

25 「蒲席幾重」係形容的枕詞，與下文平群山相關，分開來說，無甚意義。

26 和歌照例由五句三十一字組成，片歌猶言一半，係指旋頭歌的前半片，故有三句，計二十一字。

27 此紀念草薙劍之歌，意言此劍如在，使不至中山神的毒氣，以至於死了。

28 箄薢見《本草》，不知俗名為何。乃薯蕷科的蔓生植物，這裡以藤蔓蔓延為比，形容匍匐行走的狀況。

29 「八尋」言其大，「白鳥」係泛指白色的鳥，或即是下文的「海燕」（千鳥），亦未可知。此處蓋說白鳥即倭建命的神靈所化。

30 歌言在竹叢中行走不便，因為鳥在空中飛翔，人不能跟從，要用腳在地上走著。

31 在海邊追鳥，也很不容易，因為不能沿著一直平坦的海邊走去，必須從這塊岩石跳到那塊岩石。

32 見本節注三。

33 大臣為廷臣中最高的位置，以後由建內宿禰的子孫歷代世襲。

# 六、仲哀天皇

## 后妃及皇子女

一三七

帶中津日子天皇（仲哀天皇）在穴門的豐浦宮及筑紫的訶志比宮，治理天下。此天皇娶大江王的女兒大中津比賣命而生的王子，香坂王，忍熊王，凡二位。又娶息長帶比賣命，這王后所生的王子，品夜和氣命，其次大鞆和氣命，又名品陀和氣命，凡二位。此太子所以得名大鞆和氣命的緣由，因為初生的時候，在腕上生有鞆形[1]的肉，故取這名字。以是在腹中的時候，就平定邦國。在這時代，乃設立淡道的屯倉。

## 神功皇后

一三八

皇后息長帶比賣命（神功皇后）當時為神所依附。[2]爾時天皇在筑紫的訶志比宮，想要去擊熊曾國的時候，天皇彈著琴，建內宿禰大臣在齋場，請命於神。皇后乃降起神來，說神的教示道：

「西方有一國，黃金白銀，以至種種照耀人眼睛的珍寶，其國多有，我今將其國賜給你們。」爾時天皇答道：

「走上高的地方，往西方望去，不見國土，只有大海罷了。」謂神說假話，推開琴不再彈，便默不作聲了。於是其神大為惱怒，說道：

「凡是這個天下，不是你所應該治的。你就只向著你的路一直下去吧。」[3]於是建內宿禰進白道：

「至為惶恐，請天皇仍舊彈那琴吧。」天皇乃把琴稍為拉過勉勉強強的彈著，那時不久就不聞琴聲了。即點起火來看時，卻已經升遐了。[4]

## 一三九

於是驚惶恐懼，遷到殯宮那裡，更從國內取集幣帛，[5]搜尋生剝，倒剝，毀壞田塍，填塞溝渠，淨地拉屎，上通婚，下通婚，[6]馬婚，牛婚，雞婚，犬婚，種種罪惡，舉行國之大祓，也命建內宿禰在齋場，請命於神。其所教示，具如前日那樣，神教諭道：

「凡此國土，為此王后腹中的王子所應治的國。」

## 一四〇

爾時建內宿禰說道：

「大神，誠為惶恐，敢問此神[7]腹中的御子，是怎麼的御子呢？」答道：

「是男的御子。」於是更請道：

「現在這樣教示的大神，是什麼名號，想要知道。」即答說道：

「這是天照大神的御心，並且也是底筒男，中筒男，上筒男三位的大神。（三位大神的名字亦顯揚於此時。）今如誠欲尋求其國，可對於天神地祇，以及山神，河海諸神，悉奉幣帛，將我的御魂供在船上，把真木的灰[8]裝入瓢內，並多做筷子和葉盤，[9]悉皆散浮大海之上，那樣的渡過去好了。」

## 一四一

於是具如神所教示，整備軍隊，將多數船隻並排著渡過去的時候，海裡的魚類不問大小，悉出來背負船隻而渡。爾時順風大作，船跟著波浪前進。其御船的波浪，湧上新羅國，已及國土之半。因此國王乃大畏懼，上奏道：

「今後當遵天皇的命令，願為飼馬的人，使每年多船船腹不乾，舵楫常濕，[10]永行供奉，與天地共無休止。」是故遂定新羅國為御馬飼，以百濟國為渡所的屯倉。因以杖立於新羅國主的金門，[11]使墨江大神的荒魂[12]為國之守神，祭祀而還。

## 鎮懷石與釣魚

### 一四二

在軍政大事還未完畢的期間，其腹中所懷的御子將要生產下來了。為的鎮住肚腹，乃取石頭，繫在下裳的腰間，等回到筑紫國的時候，王子遂生產了。其生王子的地方，稱作宇美。[13]又其繫於下裳的石頭，今在筑紫村的伊斗村。又到了筑紫末羅縣的玉島裡，在河邊進食的時候，正值四月的上旬，乃坐河中的石磯上，抽取下裳的絲縷，以飯粒為釣餌，釣取河裡的年魚。[14]其河名為小河，其石磯的名字是謂勝門比賣。故四月上旬的時候，女人抽取下裳的絲縷，以釣年魚，至今不絕。[15]

## 香坂王與忍熊王

### 一四三

息長帶日賣命回到倭國來的時候，人心惶惶，因具一隻喪船，將王子乘在喪船裡，先揚言道：

「王子已經薨去了。」這樣地一路上來，香坂王與忍熊王聞知意想邀擊，前進至斗賀野，乃設誓願而狩獵。[16]其時香坂王方走上一棵櫟樹，有很大的野豬憤怒奔出，掘倒了櫟樹，將香坂王咬死了。可是其弟忍熊王對於這預兆毫不畏懼，仍舊舉兵相向，將赴喪船，以為係空船而加攻擊。爾時乃從喪船放下軍士來，遂相戰鬥。此時忍熊王以難波之吉師部的祖先，伊佐比宿禰為將軍，太子的方面則以丸邇臣的祖先，難波根子建振熊命為將軍。追敵軍退走至於山代的時候，又復立定，各不退讓而戰。於是建振熊命乃設詐謀云：

「息長帶日賣命因為既已崩了，可以不必更戰。」乃絕弓弦，佯為歸順。於是對方將軍相信這個假話，將弓弦解了，兵器也收藏起來了。爾時於髮頂之中取出所預藏的弓弦（這一名儲弦），乃更張弓追擊。退至逢坂，復相對立而戰，終乃追迫至於沙沙那美，其軍悉被斬滅。於是忍熊王與伊佐比宿禰共被追逼，乃乘船而浮於海，其時作歌曰：

「喂，朋友啊，
與其被建振熊所傷，
倒不如同水活盧似的
鑽到這淡海的水裡去啊！」

歌畢乃共入海而死了。

## 氣比大神

一四四

建內宿禰帶了那王子想去舉行祓除的儀式，[17]經過淡海及若狹國的時候，到了高志崎的角鹿地方，在臨時的宮殿裡住下。其地的伊奢沙和氣大神夜裡見夢道：

「我想把我的名字，換作王子的御名。」建內宿禰表示賀意，並且說道：

「很是惶恐，就照所說的換吧。」那神又說道：

「明天早晨，可到海邊去看，我要送一點換名字的禮物。」次日早晨到海邊去看時，有鼻子毀壞了的海豚，[18]在一個海灣裡浮著。於是王子乃對神說道：

「這是神把自己所吃的魚賜給我了。」故稱神的名號曰御食津大神，今亦稱為氣比大神。[19]又其海豚的鼻血是臭的，故稱其海灣曰血浦，今叫作都奴賀。

## 酒樂的歌曲

一四五

從那地方上來回到大和的時候，母后息長帶比賣命釀酒等待著，到來時獻奉了。其時母后作歌曰：

「這酒不是我的酒，

乃是醫藥之神，
在常世國的
像岩石立著的
少名御神[20]的，
慶祝千秋，
慶祝萬歲，
來獻的御酒。
來，來，一滴不剩地喝乾了吧！」
這樣地歌了，獻上御酒。爾時建內宿禰乃為王子答歌曰：
「這個酒的
釀造的人們，
把大鼓當作搗吧，
唱著歌在釀造，
跳著舞在釀造，
所以這個酒是，
這個酒是分外地快樂。」

這乃是酒樂的歌曲。

此帶中津日子天皇御年五十二歲，壬戌年六月十一日升遐，御陵在河內的惠賀之長江。

皇后御年一百歲而升遐，葬於狹城的楯列之陵。

1 竹鞆已見上文第二四節，惟後世的鞆，多用革製，故字從革，乃係日本自製文字，中國所無。此係半月形的皮袋，中入獸毛，以皮帶繫著左臂，以防射時弓弦彈著。

2 日本古奉神道教，猶現今的沙滿教，用降神之術，使神附於人，聽取教示。其情形略如下文所記，尋常以婦女為較多，神功皇后乃歷史最傑出的女巫。

3 這裡所謂「路」是指黃泉國的一路。

4 《日本書紀》中記一說云：「天皇親伐熊襲，中賊矢而崩也。」但下文那麼張惶失措，舉行大祓，則似不是尋常死亡，故有如此大規模的宗教儀式。

5 天皇死在筑紫的訶志比宮，故此國內限於筑紫。據《神祇令》所載：「凡諸國須大祓者，每郡出刀一口，皮一張，鍬一口，及雜物等，戶別麻一條，其國造出馬一匹。」「幣帛」原文云「奴佐」，意即云麻，故各戶出麻一條，後改用布帛，文字遂也寫作「幣」了。

6 「生剝」以下五項犯罪，所謂天上罪，起源於建速須佐之男命，見上文第二七節。「上通婚」以下六項所謂地上罪，乃指親屬通姦，及各種獸姦是也。

7 此處「神」字即等於「人」。古代稱土著的人常曰神，屢見上文。

8 「真木」者良材之意，建築上係指檜木，這裡也是指檜吧。「真木的灰」用處不詳，大概是咒願海上平安的東西。

9 「葉盤」原文寫作「比羅傳」，義云平手，以槲樹等闊大的葉，數枚作一疊，用竹針刺作盤碟之狀，蓋用以盛神饌者，用於供養海神。

10 此言永久進貢，無時或息，「舵楫常濕」原本亦作「舵楫不乾」，與上句重複。

11 史言此時封重寶府庫，收圖籍文書，以帶有矛頭的杖植於王城的門前，永傳後世。門曰金門者，蓋取堅固的意思。

12 墨江大神即是底筒之男命等三神，見上文第二〇節。「荒魂」者，神道凶猛可畏的一方面。
13 「宇美」訓作「生育」。
14 年魚形似鱒而小，有細鱗，春生夏長，秋衰冬死，故名年魚，中國不知何名。此處記神功皇后西征傳說，以釣魚為「祈狩」，謂「若有成事，河魚飲鉤，因以舉竿，乃獲細鱗魚」，是以魚為占，故後人遂以鮎字充年魚焉，其實鮎乃是鯰魚，與年魚絕非一物。
15 今俗傳婦女往釣，多有所獲，若男人釣者則無所得云。
16 此即所謂「祈狩」，謂有所祈請，看打獵的結果，而占卜所請的事件的吉凶。
17 因為有了香坂忍熊二王的反叛，故當舉行祓除，不過沒有像仲哀天皇的嚴重，故並不是大祓除罷了。
18 海豚乃水中的哺乳動物，長六七尺至一丈餘，其鼻甚長，捕時投槍中其鼻。因為習性來時成群，故或說「一浦皆滿」，今只作一處解。
19 「氣比」《日本書紀》寫作「笥飯」，敦賀（都奴賀）的舊名。本居宣長云，氣比者「食靈」之義。
20 少名御神即上文少名毗古那命，見上文第四七節，云那個少名毗古那命便渡到海那邊去了，即本文所云「常世國」。

# 七、應神天皇

## 后妃及皇子女

### 一四六

品陀和氣命（應神天皇）在輕島的明宮，治理天下。此天皇娶品陀真若王的女兒，三位王女，一位名為高木之入日比賣命，其次為中日賣命，其次為弟日賣命。此王女的父親品陀真若王乃五百木之入日子命娶尾張連的祖先，建伊那陀宿禰的女兒，志理都紀斗賣而生的兒子。高木之入日比賣命的王子為額田大中日子命，其次為大山守命，其次為伊奢之真若命，其次為妹大原郎女，其次為高目郎女，凡五位。中日賣命的王子為木之荒田郎女，其次為大雀命，其次為根鳥命，凡三位。弟日賣命的王子，為阿倍郎女，其次為阿具知能三腹郎女，其次為木之菟野郎女，其次為三野郎女，凡五位。又娶丸邇之比布禮能意富美的女兒，宮主矢河枝比賣而生的王子，宇遲能和紀郎子，其次為妹八田若郎女，其次為女鳥王，凡三位。又娶矢河枝比賣的女弟袁那辨郎女而生的王女，宇遲若郎女，一位。又娶咋俣長日子王的女兒息長真若中比賣而生的王子，若沼毛二俁王，一位。又娶櫻井田部連的祖先，島垂根的女兒係井比賣而生的王子，速總別命，一位。又娶日向的泉長比賣而生的王子，大羽江王，其次小羽江王，其次幡日若郎女，凡三位。又娶迦具漏比賣而生的王子，川原田郎女，其次玉郎女，其次忍坂大中比賣，其次登富志郎女，其次迦多遲王，凡五位。又娶葛城野伊呂賣而生的王子，伊奢能麻和迦王，一位。此天皇的子女總計二十六王，王子十一人，王女十五人。其中大雀命治理天下。

## 大山守命與大雀命

### 一四七

爾時天皇對大山守命及大雀命問道：

「你們覺得兄弟中間，大的和小的，哪一個更是可愛呢？」天皇所以發這個問，是因為有心想把天下傳給宇遲能和紀郎子。但是大山守命卻答道：

「那是大的可愛。」隨後問到大雀命的時候，他猜出了天皇發問的意思，回答道：

「大的兄弟已經長大了，沒有什麼發愁的事，但是小的還未成人，所以要更覺得可愛了。」天皇聽了說道：

「雀呀說得好，正合我的意思。」於是各各下諭道：

「大山守命可管理海山的事務，[1]大雀命可攝理天下的政治，宇遲能和紀郎子可繼位為天皇。」以後大雀命果然沒有違背天皇的命令。

## 矢河枝比賣

### 一四八

有一個時候，天皇往近淡海國，在宇遲野上面站著，眺望著葛野，乃作歌曰：

「望著千葉的葛野，
千百個饒足的人家看見了，
群山環繞的國土也看見了。」

隨後到了木幡村的時候，在路上遇見了一個美麗的少女。爾時天皇乃問少女道：

「你是誰家的女兒？」回答道：

「我是丸邇比布禮能意富美的女兒，名叫宮主矢河枝比賣。」天皇乃對那少女說道：

「我明天歸來的時候，到你的家裡去。」矢河枝比賣乃將其事詳細告知了她的父親。於是其父回答道：

「那是天皇，很是惶恐，當令我子去供奉。」於是嚴飾其家，等候著，到了明日果然來了。於是大獻酒食，其時命其女矢河枝比賣取大酒盞以進。天皇執大酒盞，作歌曰：

「這個螃蟹啊！[2]

是哪裡的蟹呀？
通行各處的角鹿的螃蟹，
橫著走到哪裡？
到伊遲知島與美島，
水活盧似的屏氣潛行著。
走過高低不平的坂路，
徑直的往前去，
在木幡的路上，
遇見了一位娘子。
後身像是楯牌的樣子，
牙齒像是椎樹子。[3]
櫟井的丸邇坂的土呀，
上層顏色是紅的，
底層又是紅帶黑，
只有三層中間的泥土，
沒有晒著當頭的猛火，

拿來濃濃地畫著眉毛，[4]
我遇著的那位娘子！
這樣那樣的想我所看見的娘子，
那樣這樣的想我所看見的娘子，
如今在宴饗的中間，
乃能夠相向對坐呀，[5]
能夠湊在一起呀！」

乃結婚而生的王子，是即宇遲能和紀郎子

## 髮長比賣

### 一四九

天皇又得知日向國諸縣君的女兒髮長比賣，容顏美麗，想要使喚，便叫去召來的時候。太子大雀命在那娘子停泊在難波津時，見其姿容端正，很是愛著，乃告建內宿禰大臣，說道：

「這個從日向召來的髮長比賣，請你到天皇跟前說一聲，賜給我了吧。」爾時建內宿禰大臣當即上奏，天皇遂將髮長比賣賜給王子了。其賜予的儀式是，天皇在酒宴的時候，命髮長比賣拿了御酒的柏葉杯，[6]賜給太子。爾時天皇作歌曰：

「小子們，來吧，
去採野蒜去。
我去採野蒜的路上，
看見芳香的花桔，
上邊的枝是鳥弄枯了，
下邊的枝是人採枯了，
三枝中央的枝頭，
有含苞的紅顏的娘子，
喂，摘了來好吧！」

又歌曰：

「積水的依網池裡，
下去打樁時，
給菱殼[7]刺了腳也不知道，
蓴菜蔓延著也並不知道，
我的心的魯鈍啊，

說來正是後悔不迭呀！」
天皇這樣作歌以賜。太子得到這個娘子以後，作歌曰：
「遠地的古波陀的娘子，
像雷似的聞著名，[8]
如今卻得相抱睡著呀！」
又歌曰：
「遠地的古波陀的娘子，
毫不抗拒地同我睡了麼，
覺得真是可愛呀！」

## 國朝的歌

### 一五〇

吉野的國巢[9]等看見大雀命所佩的刀，作歌曰：
「品陀的日子御子，
大雀呀，大雀，[10]
所佩的大刀，

從本到末銳利如冰雪，
如冬天樹葉落時，
颯颯的響。」[11]

又在吉野白檮生近傍，作為橫臼，釀造御酒，於其獻御酒時，口作擊鼓聲，兩手演藝，而作歌：

「在白檮生的地方，
製作了橫臼，[12]
從這橫臼釀造的御酒，
美味的請嚐吃吧，
我們的阿爹！」[13]

此歌在國巢等舉行大貢獻時，常歌之以至於今。

## 文化的渡來

一五一

在這時代乃規定海部、山部、山守部、伊勢部的從屬。做劍池。又有新羅人渡來，以是建內宿禰引率了，服役築堤掘池，做百濟池。百濟國王照古王以牡馬一匹，牝馬一匹，付阿知吉師上貢。[14]此阿知吉師為阿直史等的祖先。王又貢橫刀及大鏡。又命百濟國道：

「若有賢人，亦上貢。」於是受命進貢者的人的名為和邇吉師，即以《論語》十卷，《千字文》一卷，[15]付是人上貢。此和邇吉師為文首等的祖先。又長於手藝的人，有韓鍛名卓素，吳服名西素者二人，亦同時貢上。又秦造的祖先，漢直的祖先，及知釀酒的人名仁番，又名須須許理等人，亦均渡來。[16]

一五二

此須須許理乃釀御酒以獻。於是天皇因所獻御酒而快樂，乃作歌曰：

「須須許理的
所釀的御酒，
我醉倒了，
這太平酒，快樂酒，
我醉倒了！」

這樣地作著歌，走著的時候，拿起御杖，要打大坂路上的大石頭，那石頭逃走開了。故諺語有云：硬石頭也避醉人。

## 大山守命與宇遲能和紀郎子

一五三

爾時天皇升遐以後，大雀命遵從天皇的命令，以天下讓給宇遲能和紀郎子。但大山守命卻欲違天皇命，去得天下，有襲殺其王弟的意思，偷偷的備兵進攻。大雀命得知其兄備兵的事，即遣使者，去告知宇遲能和紀郎子。王子聞而出驚，乃伏兵河邊，於山上張設絹圍，建立帷幕，詐使舍人[17]偽為王子，露坐胡床上，百官恭敬往來，悉如王實在的樣子。爾時其王兄將欲渡河的時候，更嚴飾舟楫，取五味子[18]搗根，取其黏滑之汁，以塗船中的竹編跳板，俾踏在上面即會跌倒，其王子自身服大布的衣褲，裝作執役賤者的形狀，執楫立在舟中。

一五四

於是其王兄使兵士隱伏起來，衣內服鎧甲，走到河邊，將欲乘船的時候，望見其處嚴飾，以為其弟王坐胡床上，不知其執楫立於船上。遂問執楫者道：

「傳聞山上有一隻怒的大野豬，我要去捕這頭豬，這頭豬可以得到嗎？」執楫者答道：

「這不能得到吧。」問道：

「為什麼緣故呢？」答道：

「時時有人想去捕，卻不能得到。所以我說不能得到吧。」既渡到河中間的時候，就叫

這船傾側了，使得他墮落水裡去。[19]爾時乃浮出水面，隨水流去，一面飄流著，作歌曰：[20]

「急流的宇遲川渡頭，
誰有拿槳敏捷的人，
快來救我吧！」

## 一五五

於是河邊伏兵，這裡那裡，一時俱興，張弓注箭，追往下流。至於訶和羅崎，遂乃下沉。乃以鉤探其沉處，著衣下的穿的鎧甲，作聲訶和羅，故謂其地曰訶和羅。[21]爾時鉤出其屍，弟王乃作歌曰：

「急流的宇遲川渡頭，
排在渡口的梓弓與檀弓，
射吧心裡雖是這麼想，
殺吧心裡雖是這麼想，
但本的方面想起了父親，
末的方面想起了妹子，[22]
想到這裡好不心痛，

想到這裡好不悲傷，
所以終於沒有射出去
那個梓弓與檀弓。」
其大山守命的屍首，葬於那良山。大山守命為土形君、幣岐君、榛原君等的祖先。

一五六

於是大雀命與宇遲能和紀郎子兩位，各以天下相讓，這時候海人適有貢獻，王兄乃辭而不受，令貢於王弟，王弟又令貢於王兄，如是相讓之間，既多經時日。如此相讓，既非一次兩次，海人疲於往還，乃至泣下。故諺語有曰：「海人為了自己的東西哭泣。」[23]但是宇遲和紀郎子早崩，故大雀命治理天下。

## 天之日矛

一五七

昔時新羅國王有一個兒子，名叫天之日矛。此人渡海過來了。其渡來的緣因是，在新羅國裡，有一個沼，名為阿具沼。在此沼邊，有一賤女晝寢，於是日光如虹，指其陰處，又有一賤夫見其狀態，深以為異，常常窺伺那女人的行徑。此女人乃從晝寢時就懷了孕，生下一個赤球。爾時那窺伺的賤夫向其乞取那球，恆裹在腰間。此人在山谷間耕田，乃並攜耕夫等飲食，用一頭牛背負，入於山谷中，遇國王子天之日矛。乃問其人道：

「你為什麼叫牛背了飲食，到山裡去呀？你必定是殺牛食肉吧！」即捕其人，將入諸囚牢，其人回答道：

「我不是殺牛，但送吃食給佃夫罷了。」然猶不肯放免，乃解其腰間的球，贈給國王之子。於是乃赦賤夫，把那球持來，置於床邊，即化為美麗的娘子。王子乃與結婚，以為嫡妻。爾時其娘子常設種種珍味，以食其夫。乃其王子心意轉奢，罵詈其妻，其女人說道：

「我大抵原來不是做你妻子的女人，我要到我母親的國去了。」這樣說了，遂竊乘小船逃來，留在難波。此即在難波的比賣碁曾社，叫作阿加流比賣的神。24

## 一五八

於是天之日矛知道了其妻逃走的事，乃追跡渡來，將到難波的時候，為其渡口之神所阻，不得入內。乃還而至多遲摩國而停泊，即留其地，娶多遲摩之俣尾的女兒前津見而生的兒子，多遲摩母呂須玖。此人的兒子為多遲摩斐泥，此人的兒子為多遲摩比那良岐，此人的兒子為多遲麻毛理，其次為多遲摩比多訶，其次為清日子，凡三位。此清日子娶當摩之咩斐而生的兒子，酢鹿之諸男，其次為妹菅灶由良度美。上文所云多遲摩比多訶娶其侄由良度美而生的女兒葛城之高額比賣命，是為息長帶比賣命的母親。此天之日矛持來之寶物，有稱作玉津寶的用索子穿著的珠玉二串，又有興浪巾，止浪巾，興風巾，止風巾，又遠海鏡，近海鏡[25]，共計八種。此為伊豆志神社所祭之八大神。

## 秋山之下冰壯夫宇春山之霞壯夫

### 一五九

那裡有神的女兒，名叫伊豆志娘子的神。眾神都想要得這伊豆志娘子為妻，可是得不到。於此有兩位神，兄名秋山之下冰壯夫，弟名春山之霞壯夫。其兄對其弟說道：

「我對伊豆志娘子乞婚，但不可得。你能夠得到這娘子嗎？」回答說道：

「那容易得到。」其兄說道：

「若是你得著這娘子，我便和你賭賽，脫去上下的衣服來，並且用身子一樣高的酒甕釀一甕酒，具備了山珍海錯，給你做彩。」其弟將其兄所說的話告知了母親，其母即取藤蔓，在一夜裡悉為縫織衣褲鞋襪，並做弓矢，取衣服著上，弓矢佩上了，遣往那娘子的家裡去，那衣服弓矢悉化為藤花。於是春山之霞壯夫將弓矢掛在娘子的廁所上，伊豆志娘子見了這花，覺得奇異，持將來時，霞壯夫即立在那娘子的後邊，走進屋裡去，遂與寢處，乃生一子。對其兄說道：

「我得到伊豆志娘子了。」但是其兄對於其弟結婚的事情覺得憤慨，不肯償給那賭賽的東西。弟弟把這事告訴了母親，母親說道：

「我們在世的時候，理應學習神的做事，現在卻不肯償給那些東西，難道倒是看凡人的模樣了麼？」於是遂怨恨那大兒子，取伊豆志河島中有節的竹，編作疏而且大的籠，取河中石，雜鹽裹在竹葉裡，說詛咒的言語道：

「像這竹葉的青一般，像這竹葉的乾枯一般，就那樣的發青和乾枯吧！像這鹽的滿乾一般，[26]就那樣的滿乾吧！又像這石頭沉下去一般，就那樣地沉睡著！」如此詛咒已畢，即擱置在灶上。以是其兄凡八年間，乾萎病臥。其兄悲泣，請於其母親，即為除去其灶上的詛咒物，於是其身體即康復如初。此即為神宇禮豆玖一語之所本。[27]

## 世系

### 一六〇

此品陀天皇的王子若野毛二俣王娶其母妹百師木伊呂辨，又名弟日賣真若比賣命而生的王子，大郎子，又名意富富杼王，其次忍坂大中津比賣命，其次田井中比賣，其次田宮中比賣，其次藤原琴節郎女，其次取賣王，其次沙禰王，凡七位。意富富杼王為三國君，波多君，息長君，坂田酒人君，山道君，筑紫米多君，布勢君等的祖先。根鳥王娶庶妹三腹郎女而生的王子中日子王，其次伊和島王，凡二位。又堅石王的王子為久奴王。

凡此品陀天皇御年一百三十歲，甲午年九月九日升遐，御陵在川內惠賀之裳伏岡。

1 此言海部山部設立的起源，見下文第一五一節。其後大山守命叛變，大雀命與宇遲能和紀郎子互讓天下，見下文第一五三節。

2 螃蟹在上古時代極是普通的食物，大約在饗享中亦適有是物，故用以起興。首六句是問答體，說蟹是怎麼來的，從七句起則天皇自己說話，說他走到那裡，遇見矢河枝比賣的事情。

3 後身看去像是楯牌，言腰身挺直，牙齒則像是椎樹的實，或言如椎實又如菱，則似費解，且亦不詞。

4 三層的泥土上下皆不適用，唯居中者宜於畫眉，形容少女的眉畫得好。

5 語意不明，或解作「轉」，意云當時胡思亂想，今不意得如所願。

6 柏葉杯為古時酒盞，以厚實的闊葉樹葉作為飲食器皿，柏係假借字，中國應作櫟或槲字。

7 原文此處脫漏，今據本居宜長說補。

8 原文云「神似的」，解作「鳴神」之略，即雷神，謂聞名已久，或只作神解，蓋云未得見面，但憑想像而已。二說均可通，今且從第一說。

9 原文作「國主」，但上文第七八節已有，寫作「國巢」，亦作「國棲」，謂古代穴居的土人。《常陸風土記》云：「常居穴，有人來則入窟。」

10 「品陀」是應神天皇的名字，大雀是王子的名字，這裡卻並不忌諱，都直呼其名，蓋是古代的遺風，還不曾受中國避諱的影響，當時且有規定名稱的部屬，繼承名號，以為記號之俗。

11 此歌下半有各種解說，今只取其大意如此。

12 橫闊的木臼，與直而深的稱豎臼者相對，此言以做酒的材料，入臼中舂碎而釀酒也。

13 此處「阿爹」指受御酒的人，即指天皇。

14《日本書紀》言貢良馬二匹，蓋為馬匹改良之用，又云，「即養於輕坂上廄，因以阿直岐令掌飼」。阿直岐即此處的阿知吉師，吉師者尊稱，《日本書紀》略作「岐」。後世職為「史」，義云「書人」，稱阿直史，掌文書國史地志之屬。

15和邇吉師，後世多依《日本書紀》稱為王仁，初次將書籍傳入日本，見於記錄者。《千字文》為梁周興嗣所作，王仁來獻書在應神天皇十六年，為晉武帝太康六年（二八五），尚要早二百餘年，故一般學者皆謂所持來者乃是小學書，如史遊《急就章》之類，不過名目相同耳。文首者，司文書之首長。

16韓鍛者，三韓人的鍛工，吳服者，中國衣料的織工。秦造漢直，皆三韓移民，自稱係秦入漢人之後，居於樂浪帶方二郡，後由弓月君及阿知主使分別率領歸化，遂成二族。秦訓機織，漢訓綾文，皆與織物相關。釀酒之術日本以前已有，此蓋新法，仁番係人名，而須須許理則或是渾名，言飲酒時撮口作聲，上文敘國巢人釀酒作歌，「口作擊鼓聲」，可作參考。這種新法的酒或特別好吃，故天皇因而醉歌，以杖擊石，至於硬石頭也避醉酒人之俗語，不過言醉人無可理喻而已。

17舍人即天皇及王子的侍臣。

18五味子係一種蔓生植物，葉經冬不凋，著實如天竹，取其根汁甚滑且黏，古人取以塗髮，名為鬘葛。

19船板滑澤取其傾跌，蓋今即無效，故改用他法，便自落水。

20漂流著唱歌，似非當時情理所有，當係山守部部屬表現故事時所為。民間故事中則常有此類情節，如「猴兒女婿」一則，說猴子墮溪谷中，便漂流著唱歌曰：「猿澤呀，猿澤呀，阿藤的母親要哭呀！」

21「訶和羅」蓋言金屬相觸發聲，猶云嘎啦。

22上句本云「君」，亦可解作大山守，今姑且譯作應神天皇。妹子則據契沖在《古事記抄》中所說。云是大山守命的同母妹，大原郎女或高目郎女之一，為宇遲能和紀郎子之妃。

23此引故事以證俗語的由來，當然係出附會，原意則謂漁人因為自己的貨色最易腐爛，故最怕耽誤時日。

24阿加流比賣義曰光明，係取日光如虹的意思。

25上文第三八節有辟蛇的巾，這裡乃是有起止風浪的力量的東西，在航海中所用的一種符咒，可以保海上的平安。

26鹽與潮字相通，故如此說。照例石頭也應當說升沉，唯事實石頭不能浮，故只有沉這方面。

27宇禮豆玖即上文說的賭賽，因事涉宗教，故稱神宇禮豆玖。

# 卷下

# 一、仁德天皇

## 后妃及皇子女

一六一

大雀命在難波的高津宮，治理天下。此天皇娶葛城之曾都毗古的女兒石之比賣命而生的王子，大江之伊耶本和氣命，其次為墨江之中津王，其次為蝮之水齒別命，其次為男淺津間若子宿禰命，凡四位。又娶上文所說的日向諸縣君牛諸的女兒，髮長比賣而生的王子，波多毗能大郎子，又名大日下王，其次為波多毗能若郎女，又名長目比賣命，又名若日下部命，凡二位。又娶庶妹八田若郎女，又娶庶妹宇遲能若郎女，此二位皆不生王子。凡此大雀天皇的御子合計六位，男王五位，女王一位。伊耶本和氣命治理天下。其次蝮之水齒別命亦治理天下，其次男淺津間若子宿禰命亦治理天下。

## 聖帝之御世

一六二

在此天皇在位的時候，規定葛城部，為皇后石之比賣命做紀念。[1]又規定壬生部，為太子伊耶本和氣命做紀念，又規定蝮部，為水齒別命做紀念，又規定大日下部，為大日下王做紀念，又規定若日下部，為若日下王做紀念。又使秦人服役，[2]做茨田堤及茨田屯倉，又做丸邇池及依網池，又掘難波之堀江以通於海，又掘小椅江，定墨江津。

一六三

於是天皇登於高山，以望四方，乃說道：

「國中炊煙不升，良由國皆貧窮。自今以後三年間，其人民的租稅勞役悉皆免除。」以是大殿破壞，雖悉漏雨，都不修理，但以水溜承其漏雨，遷避於不漏的地方。後再看國中，炊煙滿焉，人民已經富足，始命租稅勞役。以是百姓繁榮，不以役使為苦，故稱其時為聖帝之御世云。[3]

## 吉備的黑日賣

一六四

皇后石之比賣命很是妒忌，故天皇所使用的宮妾，不常得進宮中，遇有什麼特別事情，她動輒兩足相擦，發生嫉妒。爾時天皇聽說吉備的海部直的女兒黑日賣容姿端正，叫人去召來使喚。可是因為害怕皇后的妒忌，終於逃回本國去了。天皇在高臺之上，望見黑日賣坐了船出海去，乃作歌曰：

「海口小船成列，
那裡有黑崎來的，
可愛的摩佐豆古，[4]
正在歸鄉去呀。」

皇后聽見了這歌，大為生氣，派人到大浦去，把黑日賣趕下船來，叫從陸路走去。

一六五

天皇戀慕著黑日賣，欺騙了皇后，說將往淡道島去一看，便走了去，在淡道島遙望而作歌曰：

「從波光四照的難波崎，

站著看我的國，
望見淡島，
淤能碁呂島，
還有檳榔小島，
也看見佐氣都島。」

於是從那島轉過去，到了吉備國。黑日賣引導天皇到那裡的園地，侍進御食。為的將獻上御羹，去採摘青菜，天皇到了那娘子摘菜的地方，作歌曰：

「園地裡種著的青菜，
同吉備的人一同採摘，
也是快樂的事情。」

天皇上京來的時候，黑日賣作歌以獻曰：

「大和方面西風吹了起來，
雲都吹散了，
可是雖然吹散了，
我哪裡能夠忘呢？」

又歌曰：

「往大和方面去的是誰的夫君啊！
像地下流水似的，[6]
偷偷來去的，
是誰的夫啊！」

## 皇后石之比賣命

一六六

自此以後，皇后欲開酒宴，採了許多角柏[7]，往木國去的時候，天皇與八田若郎女結了婚。爾時皇后將角柏裝滿了一船，正要回來，有服役水取司[8]的吉備國兒島的壯丁，因役滿回國，與在難波大渡落後的倉人女[9]的船隻相遇。乃相謂曰：

「天皇近日與八田若郎女結婚，晝夜遊戲，或者皇后不知道，所以還是靜靜的玩著吧。」倉人女聽了這話，即追上御船，具如壯丁所說，告訴了皇后。於是皇后大為恨怒，將御船所載的角柏悉投棄於海。故其地稱曰御津前。

一六七

爾時皇后不回宮去，將御船引避，溯堀江而上，順著河流，至於山代。此時作歌曰：

「山復有山的山代川，
順著上流我走上去時，
生在河邊的烏草樹，
烏草樹之底下，
生長著的枝葉茂盛的椿樹。
像這花般照耀，
像這葉般廣闊的，
正是那大君呀！」

又從山代回行，到了奈良的山口，作歌曰：

「山復有山的山代川，
順著上流我走到宮裡去，
過了佳麗的奈良山，
過了青山如屏的大和，
我所想看見的地方，
是葛城的高宮，
故鄉吾家的近旁。」

如是作歌已乃還，暫止於韓人奴理能美之家。

一六八

天皇聞皇后從山代歸還，遣舍人名鳥山者去迎，送以歌曰：

「追到山代，鳥山，
追吧，追吧，
早點追著我的愛妻。」

又續遣丸邇臣口子前去，作歌曰：

「御諸的高城地方，
有那大豬子之原，[11]
大豬子之腹裡
心與肝相對，
怎令人不相思呀！」

又作歌曰：

「山復有山的山代女郎，
拿了木鍬掘出來的蘿蔔，

蘿蔔似的白臂膊，[12]
不曾抱著睡過時，
說不知道那還可以吧！」

爾時口子臣陳說此歌的時候，適值大雨。並不避其雨，在前殿伏奏，故相差違，從後戶而出，至後殿伏奏，又故差違，從前戶而出。其時匍匐趨赴，跪庭中時，潦水至腰，其人著紅紐藍染之衣，水潦濕紅紐，青衣皆變紅色。口子臣的妹子口比賣，時為皇后的侍奉，乃作歌曰：

「山代的筒木宮裡，
陳情的我的兄長啊，
我看了不禁淚下了。」

其時皇后問她什麼緣故，回答道：

「因為他乃是我的兄口子臣是也。」

## 一六九

於是口子臣與其妹口比賣，和奴理能美三人共議，奏於天皇道：

「皇后所以來此地的緣故，乃因奴理能美所養的蟲，第一回是爬走的蟲，第二回是殼，

第三回乃是飛鳥，是會變三色的奇異的蟲。[13]因此為的看這蟲，所以進去了，別無什麼異心。」如此奏時，天皇說道：

「那麼我也覺得奇異，進去看吧。」便從宮裡來到山代，進到奴理能美的家裡，其時奴理能美將自己所養的三色的蟲獻於皇后。爾時天皇站在皇后的殿門的時候，作歌曰：

「山復有山的山代女郎，
拿了木鍬掘出來的蘿蔔
因為你那麼囉嗦地說，
所以像四顧密林的樣子，
我帶了那許多人來了。」[14]

此天皇同皇后所作的歌六首，皆是志都歌的返歌。[15]

## 八田若郎女

### 一七〇

天皇戀慕八田若郎女，作歌送她道：

「八田的一株孤生的菅草，
沒有子息就將荒廢吧？

可惜呀菅原！
名字雖說是菅原，16
可惜呀清高的女人。」
八田若郎女答歌曰：
「八田的一株孤生的菅草，
雖然是獨居，
只要大君嘉許也罷，
雖然是獨居。」
乃規定八田部的部屬，為八田若郎女做紀念。

## 速總別王與女鳥王

### 一七一

天皇命其弟速總別王做媒人，求婚於庶妹女鳥王。爾時女鳥王對速總別王說道：「因為皇后的妒忌，八田若郎女尚且不能相安，我不願意去，倒還是做你的妻吧。」於是他們便同居了。速總別王不再去復奏，天皇乃臨幸女鳥王的家，立在御殿的門檻上。其時女鳥王正在機織，天皇作歌曰：

「吾女鳥之王，
所手織的
是給誰穿的衣服？」
女鳥王答歌曰：
「這是那高飛的
速總別王的
外套的衣料。」
天皇瞭解他們的事情，隨即還宮去了。

一七二

其後速總別王回來，其妻女鳥王作歌曰：
「雲雀能飛翔天際，
你會高飛的
速總別王啊，
為甚不去撲殺那鷦鷯！」[17]
天皇聞歌，即派兵去殺他們。速總別王與女鳥王一同逃走，登倉椅山，速總別王作歌云：

「豎著梯似的
倉椅山上，
何其險峻呀！
可憐的妻不能攀住岩石，
只挽住我的手。」
又歌曰：
「豎著梯似的
倉椅山上，
雖是險峻
與吾妻同登，
便不覺什麼險峻了。」
二人從倉椅山逃到宇陀的蘇邇地方，官兵已追及，遂均為所殺。

一七三

爾時將軍山部大楯連取女鳥王腕上所戴的玉釧，給了他自己的妻子。後來有一回，宮中宴會的時候，臣下各族的妻女都入朝，大楯連的妻便帶了那女王的玉釧，也去與會。皇后石之比賣命親自拿了盛酒的柏葉，賜酒給諸族的妻女，見了玉釧有點認識，便不賜酒給她，即引退了，召大楯連來，責他道：

「女鳥王她們因為無禮，所以被誅，也是當然的事。你這廝怎把女王所戴玉釧在肌膚未寒的時候奪了過來，給予自己的妻呢！」於是便命將大楯連處了死刑。

## 雁生子

### 一七四

又有一個時候，天皇將開宴會，乃臨幸日女島，其時島中有雁生卵。爾時乃召建內宿禰命，問以雁生卵的事情，乃作歌曰：

「我的親信的朝臣啊，
你才真是世上的長命的人，
在這日本的國內，
曾聞有雁生子的事麼？」[18]

於是建內宿禰以歌奉答道：

「光明的日之皇子，

你問得真好，
也問得真對，
我乃是世上長命的人，
在這日本國內，
雁生子的事卻不曾聽過。」
如此說了，於是借御琴過來，又作歌道：
「這是你撫有天下的吉兆，
所以雁生子的吧。」
這是本岐歌的片歌。[19]

## 枯野的船

### 一七五

在這個時代，免寸河之河有一棵高樹。其樹影當朝日則到淡道島，當夕日則越高安山。伐是樹做船，其船行駛甚捷，其時號其船曰枯野。常以是船旦夕酌淡道島的清泉，以供御用。後其船破壞，乃以燒鹽，燒剩的木頭取以做琴，音響達於七里。其歌曰：
「枯野的船燒了鹽，

拿燼餘做了琴，
彈起來的時候，
那由良海峽的
海底岩石上立著的
海松也觸著波浪，
颯颯的響了。」
這是志都歌的返歌。
此天皇御年八十三歲，丁卯年八月十五日升遐，御陵在毛受的耳原。

1 日本古時有所謂「子代」者，規定部屬繼承人之名字，有如子嗣，見上文第一〇八節。今取其名以為名號，以為紀念，與「子代」用意相似，號稱「名代」。

2 秦人即月弓君所率的秦人，蓋秦人善於土木工，故用於築堤。

3 此節顯係受中國史書的影響，故從細事著筆，以見聖世之治，故天皇謚號亦云仁德天皇。

4 黑日賣義云黑媛，殆以髮黑得名，麞佐豆古當係其本名，故歌中呼之表示親愛，其黑媛之名或是入宮以後，所用的美稱歟。

5 意云登高望見諸島，但不見黑日賣的船影。

6 原文云「隱水」。謂上有草葉覆蔽，不能看見的流水，喻天皇微行見訪，又因為怕皇后的妒忌，匆匆回去，所以這裡是羡慕皇后之詞。

7 角柏係一種樹葉，大如槲葉，三角有尖，古代取用以盛酒飲。

8 水取司供御用的飲料，上文第八〇節有宇陀的水取等的祖先。

9 倉人女蓋藏司之內的女官，司器物的出納者。

10 日本所謂椿即中國的山茶花，故此處云花光照耀，葉廣闊，以比天皇。

11 大豬子之原本係地名，「原」字與「腹」字讀法正同，言腹內心肝相對，怎令人不憶念呢？此歌蓋恨皇后不相念也。或以「心」字做池心宮解，義反複雜，故今仍用本居宣長說。

12 蘿蔔的白引起白臂膊，言倘此臂膊不曾擁抱過，則漠不相關本不足怪，此處亦是怪皇后之寡情。

13 此所謂「三色奇異的蟲」，蓋即是蠶，奴理能美本韓人，善於育蠶，故將蠶桑傳人日本。上文第三〇節，有蠶的起源，原是神話傳說，不足為據。

14 此歌首以蘿蔔的清白起興，用同義語的關係引起妒忌的紛擾，經遣眾臣奉迎，未肯容納，所以自己前來，率領眾人如樹林那麼眾多。

15 志都歌者蓋樂府承傳的曲調，此言靜歌，謂調子舒徐而歌，返歌即附隨前歌，重複歌之。

16 「菅原」是菅草的原野，其讀音與「清高」相近，故以雙關起興。

17 仁德天皇名大雀命，《日本書紀》寫作「大鷦鷯命」，速總別王則寫作「隼別王」，此處雙關，言隼能高飛，胡不擊殺鷦鷯，諷王殺天皇。但據《日本書紀》所記則多少相差，謂天皇初不即問罪，嗣聞隼別王枕女鳥王的膝問曰：隼與鷦鷯孰為敏捷？女鳥王答曰：那自然是隼敏捷了。隼別王說道：所以我先將你弄到手了。天皇聞而更恨之，嗣又聞舍人作歌，諷王作亂，乃派兵去。作歌者非女鳥王，歌詞亦略有異，大意云，隼能上天飛翔，胡不捕那四照花上的鷦鷯。

18 雁乃是候鳥，春來秋去，不在日本生育，故雁生子傳為奇瑞。建內宿禰相傳為長壽的人，歷仕五朝，多所見聞，相傳壽至二百歲。

19 本岐歌亦云壽歌，蓋祝頌的歌。

# 二、履中天皇與反正天皇

## 履中天皇與墨江天皇

一七六

伊耶本和氣王（履中天皇）在伊波禮的若櫻宮，治理天下。此天皇娶葛城之曾都毗古的兒子，葦田宿禰的女兒黑比賣命而生的王子，市邊之忍齒王，其次御馬王，其次妹青海郎女，又名飯豐郎女，凡三位。

一七七

當初在難波宮的時候，舉行大嘗祭，[1]飲酒大醉而臥。爾時其弟墨江中王謀弒天皇，乃放火於大殿。倭漢直的祖先阿知直乃將天皇偷偷取出，乘馬將赴大和。到了丹比野，天皇醒寤，乃問道：

「這是什麼地方？」阿知直回答道：

「墨江中王放火於大殿，所以奉駕將逃往大和。」天皇於是作歌曰：

「早知要野宿丹比野，
那麼該帶著屏風來了好，
早知要野宿。」
到了埴生坂，回望難波宮，其火光猶是炳然，天皇又作歌曰：
「我站在埴生坂看時，
火光熊熊燒著的家屋，
那正是妻家的左近吧。」
至大坂山口的時候，路上遇見一個女人。那女人說道：
「有拿兵器的人許多，阻住了這山，請繞道從當麻道過去吧。」於是天皇歌曰：
「在大坂逢著的娘子，
問她路的時候，
沒有直告，
但教給當麻的路。」
乃走去至於石上神宮。

## 一七八

於是同母弟水齒別命前來參謁，請賜面對。天皇命人傳諭道：

「我因為想你或者是與墨江中王同心一意的，所以不想和你說話。」回答說道：

「我沒有什麼邪心，和墨江中王並不是同心一意的。」又命人去傳諭道：

「若是這樣，現在可以回去，殺了墨江中王再來，那時必定和你說話了。」因此水齒別命回到難波來，找那在墨江中王近旁侍候的隼人，名叫曾婆加理的，欺騙他說道：

「若是你能聽我的話，我做了天皇，便以你為大臣，治理天下，如何？」曾婆加理答道：

「遵命。」於是給了隼人許多東西，說道：

「那麼，殺了你那王吧。」於是曾婆加理竊伺自己的王入廁去的時候，用矛把他刺死了。水齒別命乃率曾婆加理往大和來，到了大坂山口，心裡打算，曾婆加理於我雖有大功，殺了自己的君王則是不義。但如不報酬他的功績，可謂無信，然欲行其信，則其心反為可怕。[2]因此不若報酬他的功績，殺了本人為好吧。這樣想了，便對曾婆加理說道：

「今天留在此處，先給你大臣之官位，明天再上大和去。」即留在山口，造起臨時宮殿，大開宴會，乃以大臣之官位賜與隼人，令百官皆拜，隼人歡喜，以為志願竟成了。爾時乃對隼人說道：

「今天且同大臣共飲一杯酒吧。」共飲的時候，以大碗進酒，其大覆面。於是王子先飲，隼人後飲。隼人飲時，大碗覆其面，爾時乃取席下所置大刀，斬隼人的頸項。如是乃於明日向大和出發，故名其地為近飛鳥。到了大和，乃說道：

「今天留在此處，舉行禊祓，[3]明天再往神宮參拜吧。」因此故其地名為遠飛鳥。於是到了石上神宮，奏上天皇道：

「一切都已平定訖了。」乃召入相語。

一七九

天皇於是始以阿知直為藏宮，[4]並賜田地。又在此時代，以若櫻部的名號賜給若櫻部臣等，以比賣陀之君的名號賜給比賣陀君等，又規定伊波禮部。

天皇御年六十四歲，壬申年正月三日升遐，御陵在毛受地方。

## 反正天皇

一八〇

水齒別命（反正天皇）在多治比的柴垣宮，治理天下。天皇御身長九尺二寸半，[5]牙齒長一寸，廣二分，上下等齊，有如貫珠。天皇娶丸邇之許碁登臣的女兒都怒郎女而生的王女，甲斐郎女，其次都夫良郎女，凡二位。又娶同人的女兒弟比賣而生的王子，財王，其次多訶辨郎女，共計四王。

天皇御年六十歲，丁丑年七月升遐，御陵在毛受野。

1 舊例天皇初即位，舉行大嘗祭，以新穀獻於天神地祇，沿至後世，乃為每年定例。

2 此「心」或指王子自身，謂此中含叛逆之意，或謂乃指隼人說，似嫌曲折。

3 謂神社之前常舉行禊祓，但此或因斬了隼人，故需舉行大祓，也未可知。

4 藏官謂司庫藏者，即後世之內藏寮。

5 古時尺寸較現今為短，此等記錄又多涉誇張，《日本書紀》稱倭建命身長一丈，仲哀天皇長十尺，皆此類。

# 三、允恭天皇

## 后妃及皇子女

一八一

男淺津間若子宿禰命（允恭天皇）在遠飛鳥宮，治理天下。此天皇娶意富本杼王的妹子，忍坂大中津比賣命而生的子女，木梨之輕王，其次長田大郎女，其次境之黑日子王，其次穴穗命，其次輕大郎女，又名衣通郎女（其被稱為衣通王的緣因，因其身有光，通過其衣而外出故也）。其次八瓜白日子王，其次大長谷命，其次桔大郎女，其次酒見郎女，凡九位。凡此天皇的子女九位，男王五，女王四。此九王之中，穴穗命治理天下，其次大長谷命亦治理天下。

## 定各族氏姓

一八二

天皇初將即位的時候，辭不就，說道：

「我長有疾病，不能即帝位。」但自皇后以至諸卿固請，因遂治理天下。其時新羅國王進貢物八十一艘，貢使名為金波鎮漢紀武，[1]此人深知藥方，遂治癒天皇的疾病。

一八三

天皇又以天下臣民氏族姓名，多有淆亂者，大為慨嘆，因在大和味白檮的言八十禍津日神社前，立探湯之甕，[2]定天下臣民的氏姓。又定輕部，為木梨之輕太子紀念，定刑部為皇后做紀念，定河部為皇后的女弟田井中比賣做紀念。

天皇御年七十八歲，甲午年正月十五日升遐，御陵在河內的惠賀長枝。

## 木梨之輕太子

一八四

天皇崩後，木梨之輕太子當即帝位，在未即位前，太子與其同母妹輕大郎女私通，作歌曰：

「蜿蜒的山腳下
種了山田，
地下埋管，

引水灌田。
悄悄的偷訪的我的妹子，
低低的隱泣的我的妻啊，
到了今日，
才得安心的相會。」
這就是所謂志良宜歌。[3]又作歌曰：
「打在竹葉上的
陣陣的霰聲啊，
親親密密的，這樣睡了以後，
哪管人家的閒話。
同了可愛的人，
睡了睡了以後，
像割下的蒲草似的
心要亂就亂吧，
睡了睡了以後。」
這就是夷曲的上歌。[4]

## 一八五

以是百官及天下人民悉背棄輕太子，歸附他的兄弟穴穗王子了。於是輕太子恐懼，逃到大前小前宿禰大臣的家裡去，做兵器備戰。此王子所做的箭以銅為鏃，稱曰輕箭。穴穗王子亦做兵器。此王子所做以暗為鏃，如今日所用，稱曰穴穗箭。穴穗王子起兵圍攻大前小前宿禰之家，將到宿禰門前時，天降大雨雹。穴穗王子作歌曰：

「大前小前宿禰的門前，
像我這樣的走上前來，
等候雨住吧！」5

大前小前宿禰兩人舉手打膝，且舞且歌而出來，其歌曰：

「宮人們腳帶的小鈴落地了，
宮人們不要吵鬧，6
鄰人們也別喧擾。」

這就是所謂宮人調。這樣歌著，二人到穴穗王子前說道：

「請王子不要進攻王兄。倘若進攻，將為人所笑。我們當捉了輕太子來獻。」穴穗王子乃解圍，引兵而退，大前小前宿禰果捕輕太子來獻。太子被捕作歌曰：

「飄飄飛空的

輕女郎啊，[7]
哭的響時人家會知道，
哭時便低低的哭，
像那羽狹山的鴿子。」又歌曰：
「飄飄飛空的
輕娘子，
親親密密的偎著睡，
隨後離別吧，輕娘子。」

一八六

輕太子被流放於伊余之湯這地方。[8]在將流放的時候，輕太子作歌曰：
「高飛的鳥，
當作我的使者吧，
聽見鶴的聲音的時候，
且問我的消息如何。」
此三首即所謂天田調是也。[9]太子又作歌曰：

「把我太子之身流放到海島，
我即趁便船歸來，
為我愛惜坐席吧。
說是坐席，
還是願我的妻善自愛。」
這就是所謂夷曲之片下也。衣通王亦以歌獻，[10]其歌曰：
「海濱的夏草
相並的臥著，
不要踏著蠣殼，
請你避開了來吧。」

一八七

後因不勝戀慕，輕大郎女也奔赴伊余，其時作歌曰：
「你走了日子也很久了，
如接骨木的枝葉相對，[11]
我將自己迎去上前，

再也不能等待。」

此接骨木即今所謂造木是也。及追到後，太子感懷作歌曰：

「眾山圍繞的初瀨山，
大峽裡立了許多旗幟，
小峽裡立了許多旗幟，
大峽裡我們也已決定了，
啊啊，我的可愛的妻。
檀弓，放下了便自放著吧，
梓弓，立起來便自立著吧，
後來還得這樣相見，
啊啊，我的可愛的妻。」12

又歌曰：

「眾山圍繞的初瀨川，
在上流打上了清淨的木樁，
在下流打上了堅固的木樁，
清淨的木樁上掛了明鏡，

堅固的木椿上掛了白玉。
白玉似的我的妹，
明鏡似的我的妻，
即今就在此地，
還歸什麼家，
懷念什麼故鄉！」
這樣作歌之後，不久二人同時自殺了。這兩首歌都是讀歌。13

1 此人蓋姓金名武，波鎮漢紀係其官位，韓史作波珍飡，《隋書》作破珍乾，皆同字異譯。

2 古代於神前探湯，以定誠偽。言八十禍津日神見上文第二〇節，伊耶那岐命祓除黃泉國的汙穢而生，代表一切禍害。

3 志良宜歌即後舉歌，唱時著重後半。

4 夷曲見八三頁注五，上或下言調子的高低。

5 歌言在門口等候雨住，喻言不久可得和平解決，即下文的大前小前的擒太子以獻。

6 宮人們指穴穗王子所率領的軍隊，腳帶古人束腳之帶，繫於膝下，常有小鈴等附屬。歌意言門前紛擾，原來只是小鈴落地，事屬細微，故言大家不必吵鬧。

7 「飄飄飛空」為「輕」字之枕詞，「輕」字讀音與「雁」字相同，故假借用之。

8 伊余之湯為溫泉所在地，至今有名，即伊豫道後。

9 天田調係用假借字「天田」表示此歌首三字的音。

10 輕大郎女一名衣通王，見上文第一八一節。

11 接骨木葉葉相對，故用為迎接的枕詞。

12 此歌意義不很明白，今以初瀨山為古代葬地，猶中國云北邙，故假定為死便葬此之意，其所謂「決定」即指墳墓。

13 「讀歌」謂拉長了聲音去讀，近於朗誦。

# 四、安康天皇

## 目弱王之變

### 一八八

穴穗王子（安康天皇）在石上穴穗官，治理天下。天皇為其同母弟大長谷王子之故，派遣坂本臣等的祖先，根臣於大日下王那裡，對他說道：

「你的妹子若日下王，我想嫁給大長谷王子，所以獻了上來吧。」於是大日下王四拜說道：

「想來會有這樣的大命，所以一直沒有放她出去。這實在是惶恐的事，就遵奉大命，獻上去吧。」但是單用一句話回答覺得失禮，於是即拿了一架木製的玉鬘[1]，做為其妹的禮物，貢獻了上來。根臣卻盜取了禮物的玉鬘，反給大日下王進讒言道：

「大日下王不接受救令，說道，我的妹子乃去給同族的人，當底下鋪的席子嗎？手緊握著大刀的柄，生了氣了。」天皇大為氣憤，便殺了大日下王，卻將王的嫡妻長田大郎女取來，做了皇后了。[2]

## 一八九

自此以後，天皇將祀神，在床上晝寢。[3]對皇后說道：

「你有什麼思想麼？」回答道：

「蒙天皇的厚的恩澤，還有什麼思想呢！」皇后的先夫的子目弱王，今年七歲了，那時在殿下遊戲，天皇卻不知道那少年王子在殿下遊戲的事，對皇后說道：

「我常有這樣的思想。什麼事呢，你的兒子目弱王到了成人的時候，知道我殺了他父王的事情，怕要有邪心吧。」在殿下遊戲的目弱王聽見了這話，便竊暗天皇睡著了的時候，拿起旁邊的大刀來，斬天皇的頸項，逃到都夫良意富美的家裡去了。

天皇御年五十六歲，御陵在菅原的伏見岡。

## 一九〇

其時大長谷王子還是少年，聽見了這事大為憤慨，乃到其兄黑日子王那裡，說道：

「人家把天皇殺了。這怎麼辦呢？」但是黑日子王既不吃驚，也不放在心上的樣子。於是大長谷王詈其兄曰：

「一方面是天皇，一方面是兄弟，為什麼毫不關切，聽見人家殺了自己的弟兄，也不吃驚，卻是毫不在乎的樣子呢！」便抓住衣領，拉了出來，拔刀擊殺了。又到其兄白日子王那裡，告訴具如前狀，但此王子亦同黑日子王那樣漠不關心，即抓住衣領，揪到小治田地方，挖了一個坑，站著埋了，埋到腰間的時候，兩隻眼睛便都爆出，隨即死了。[4]

## 一九一

大長谷王乃興兵，圍都夫良意富美的家。那邊也興兵接戰，射出的箭像蘆葦一樣的飛來。於是大長谷王以矛為杖，到門口窺探，並且說道：

「同我說話的娘子，說不定是在這家裡吧？」於是都夫良意富美聽見此話，自己走了出來，解去所佩的兵器，八拜說道：

「先時賜問的女子[5]訶良比賣，當獻上侍奉吧，又五處的屯倉亦當添了獻上（所謂五處的屯倉，即今葛城之五村的苑人）[6]。然而本人不能同來的理由，因為自往古以至現今，雖聞有臣民隱匿於王宮者，至王子之隱匿於臣子家裡者則未之前聞，以是思之，賤臣意富美竭力以戰，未必更能取勝，然而信托了自己，入於賤臣之家的王子，寧死也不能棄。」如此說了，隨取了兵器，還入內戰鬥。及力窮矢亦盡，乃告王子說道：

「我已負傷，箭也射完了，現今不能再戰鬥，怎麼辦呢？」王子回答說道：

「然則再也沒有辦法了。現在把我殺了吧。」意富美乃以刀刺殺王子，隨後刎頸而死。

## 市邊忍齒王

一九二

自此以後，淡海的佐佐紀山君的祖先，韓袋說道：

「淡海的久多綿之蚊屋野地方，多有麋鹿，其並立的腳有如葦原，矗立的角有如枯樹。」爾時大長谷王乃率市邊忍齒王共赴淡海，到了原野，各做臨時宮殿，相與住宿。明日，日尚未出時，忍齒王毫不經心的騎了馬來到大長谷王的假宮旁邊，站著對大長谷王的從人說道：

「還沒有醒來吧，快點告訴一聲。天已經亮了。請往獵場去吧。」說了遂即趲馬而去。於是大長谷王的近侍人等說道：

「說怪語的王子，請你用心一點，你自身也武裝了好吧。」於是大長谷王在衣服之中著甲，取弓矢佩了，乘馬而出，倏忽之間兩馬相並，遂取箭射殺忍齒王，復將其身體切開，放在馬槽內，埋在地底下。

一九三

是時市邊王的王子，意富祁王和袁祁王二位，聞亂逃去，到了山代的刈羽井地方，正在吃乾糧的時候，有黥面的老人來，奪其乾糧。二王說道：

「糧並不可惜，但是你是誰呀？」回答說道：

「我山代的飼豬人也。」二王乃逃過久須婆河，至針間國，到其國人名志自牟者的家裡，隱身為飼馬飼牛的人，為人服役。

1 鬘是編植物枝葉而成的東西，戴在頭上或頸上。這也是鬘的一種，《日本書紀》稱曰「立縵」，似以木所制，蓋冠之類，玉或云美稱，或云以玉為飾，其形制如何不詳。

2 長田大郎女為穴穗王子的同母妹，在輕太子事件之後，不宜有同樣的事，故或疑名字有誤，《日本書紀》稱大草香王子（大日下王）的嫡妻為中蒂姬。

3 原文云，「天皇在神床晝寢」，神床者祭神的床。不宜在此晝寢，說者謂天皇犯不敬罪，故有此不慮的災禍。

4 黑日子王與白日子王同為穴穗王子的同胞兄弟，聞天皇被殺的事，不應如此冷淡，而大長谷王子的妄行殺戮，亦有不近情理處，故後人疑此與爭皇位有關。後邊的殺市邊忍齒王，也是一例，史書記大長谷王為天皇後許多暴虐的事，與此諸事正可互相參照。

5 「賜問」的意思即是說訂婚，王子提名問詢，即是有意聘娶。

6 屯倉本來是皇家的田地及倉庫，亦有賜給臣下者，此蓋屬於後者，苑人指御苑所屬的園丁。

# 五、雄略天皇

## 后妃及皇子女

一九四

大長谷若建命（雄略天皇）在長谷的朝倉宮，治理天下。天皇娶大日下王的妹子若日下部王，無有子女。又娶都夫良意富美的女兒韓比賣[1]而生的王子，白髮命，其次妹若帶比賣，凡二位。為白髮太子定白髮部以為紀念，又定長谷部舍人，又定河瀨舍人。[2]其時吳人渡來，將此吳人安置於吳原，故謂其地曰吳原。

## 若日下部王

一九五

其初皇后在日下的時候，天皇從日下的直越之道往河內去。爾時登山上回望國內，見有人家，屋頂上做堅魚木者。天皇乃問其家為誰，說道：

「屋頂做堅魚木者，是誰人的家呀？」或答說道：

「這是志幾的大縣主[3]的家。」天皇乃說道：
「奴才要把他自己的家，造得同天皇的宮殿相似。」即遣人去，把那家放火燒了。爾時大縣主畏懼，叩首謝罪道：
「奴才不懂事，犯錯誤了，很是惶恐。」因獻上謝罪的禮物，用布縛著白狗，繫著鈴，叫同族名稱腰佩的人牽了，獻了上來。放火的事也就罷免了。天皇即臨幸若日下部王那裡，把這狗賜她，對她說道：
「這是今天在路上得到的珍奇的物事，現在算做聘禮吧。」

## 一九六

於是若日下部王復奏於天皇道：
「背著太陽來到這裡，很是惶恐，還是等我前去供奉吧。」[4]於是天皇還宮的時候，走到山坡上站著，作歌曰：
「這邊日下部的山
與對面平群山[5]的
兩山中間的山峽上，
站立著繁茂的大葉白檮，

上邊生著茂密的竹，
下邊生著繁盛的竹。
今不能像茂竹似的緊密的睡，
也不能像繁竹似的偎倚的睡，
但是後來終當好好的睡吧，
啊啊，我的相思的妻子！」
隨即遣人將此歌[6]，送到若日下部王那裡。

## 引田部的赤豬子

**一九七**

又在一個時候，天皇遊行到了美和河，見有一少女在河邊洗衣，其容姿甚美麗。天皇乃問少女道：

「你是誰的女兒呀？」少女答道：

「我名引田部的赤豬子。」天皇說道：

「你不要出嫁。現在就來召喚。」說了還宮去了。赤豬子乃等待天皇的命令，已經過了八十歲了。於是赤豬子自己想道：

「我奉命等待，已多歷年月，今姿體瘦萎，更無可恃，但等待的心如不表明，終屬於心不快。」於是拿了許多禮物，前來進獻。但天皇於先前命令的事已經完全忘記了，乃向赤豬子道：

「你是誰家的老婆子，為什麼事來的呢？」赤豬子回答道：

「從前某年某月，奉天皇的命令，等候大命至於今日，已經過了八十歲了。今容姿既衰，更無所恃，但為表顯己志，故特行前來。」於是天皇大驚，說道：

「我先前的事情既已忘記，你守志待命，徒過盛年，甚可悲悼。」意欲召幸，但是因為她極衰老了，也不敢召，因賜以歌，其歌曰：

「御諸山的神聖白檮樹，
白檮樹的樹下，
神聖不可侵犯呀，[7]
白檮原的處女。」

又歌曰：

「引田的嫩栗的栗棲原，
在年少時[8]召喚了，
豈不好麼，

現在是老了。」

爾時赤豬子落淚，其所著紅染的衣袖悉濕，作歌奉答道：

「御諸山的神垣，[9]
築了就沒有築完；
這還倚靠誰呀？
奉仕神宮的人。」

又歌曰：

「日下江的江灣裡
長著開花的蓮花，
像蓮花似的盛年的人，
是很可羨慕呀！」

於是厚賜這老女，乃遣她歸去。此四首歌都是志都歌。[10]

## 吉野宮

### 一九八

天皇往去吉野宮的時候，在吉野川的河邊，有一少女，其姿容甚美，乃召幸此少女，而還宮焉。其後更往吉野時，在遇此少女的地方停留，立大吳床，[11]在吳床上彈琴，而令此少女伴舞。少女舞得很好，天皇因作歌，其歌曰：

「坐吳床上的神[12]
親手彈著琴，
舞著的女人啊，
願得此景常在呀。」

## 一九九

又往阿岐豆野打獵的時候，天皇在大吳床上坐，有一匹飛虻來嚙御腕，旋來一蜻蛉，銜飛虻飛去。天皇乃作歌曰：

「三吉野的小牟漏岳上，
多有野豬隱伏，
是誰告知了大君。
統治天下的大君
坐在吳床上等著野豬，
穿著白栲[13]的袖的

手腕的肉上，
有虻來叮上了，
蜻蛉卻把虻吃了去。
這樣的不負佳名，
所以大和的國
名為蜻蛉島的吧。」[14]
所以從那時候起，這個原野被稱作阿岐豆野。

## 葛城山

二〇〇

又在一個時候，天皇登葛城山，在那裡遇見一頭大野豬。天皇即用鳴鏑射那野豬，野豬發怒，鳴吼奔來。天皇因其怒吼見而生畏，乃升榛樹上邊，作歌曰：

「天下平安的我的君王，
射獵的野豬負了傷，
怒吼而來煞是可怕，
我就逃了攀登近地的

榛樹的枝間。」

## 二〇一

又在一個時候，天皇登葛城山的時候，百官人等悉穿著紅紐的藍染的衣服。爾時從對面山麓方面，也有人登山上來，與天皇的鹵簿完全相象，其裝束形狀及人眾亦相似，不可辨別。天皇看見了問道：

「在這倭國除我以外，沒有君主，現今是誰人這樣走著的？」其回答的話，也與天皇所說一樣。於是天皇大為發怒，彎弓搭箭，百官人等亦悉搭箭，對方的人都搭上了箭了。天皇又問道：

「那麼報名來吧，各自報了名，隨後放箭吧。」於是那邊回答道：

「你先問我，那麼我就先報名吧。我乃是雖惡事而一言，雖善事而一言，言下即決之神，葛城的一言之主大神是也。」於是天皇惶恐，說道：

「誠惶誠恐，我的大神有此現實的形體，我從未想到。」乃取大刀弓矢，又令脫百官人等所服的衣服等，拜而獻奉。爾時其一言主大神亦拍手受納諸所獻物，[15]天皇還幸的時候其大神下降至山麓，送至長谷的山口。一言主大神是在那時候，顯現於世云。

## 春日之袁杼比賣與三重之采女

二〇二

又天皇為的召幸丸邇的佐都紀臣的女兒袁杼比賣，往春日去的時候，半路上與娘子相遇。娘子見天皇來，乃逃至岡邊躲過了。其時作御歌曰：

「少女躲過的岡邊，
哪裡去得五百個金鋤，
來鋤土搜尋啊！」

所以其岡遂稱作金鋤岡。

二〇三

又天皇曾在長谷的大槻樹底下開酒宴的時候，伊勢國三重之采女高舉御盞以獻。爾時大槻樹葉落，浮御盞中。采女不知落葉之浮於盞中，[16]仍將御酒獻上，天皇見盞中所浮落葉，當將采女按倒，將劍擬其頸，正要斬殺的時候，其采女對天皇說道：

「幸勿殺吾身，有事奉白。」即作歌曰：

「纏向的日代之宮
是朝陽所照的宮，

夕日所映的宮，
竹根盤錯的宮，
木根伸張的宮，
土石堅築的宮，
良材檜木造成的殿，
在這新嘗祭的御殿，
生長著繁茂的杙樹，
上面的枝覆著天，
中間的枝覆著東國，
底下的枝覆著鄉間。
上面樹枝的枝端的葉
觸著中間的樹枝
中間樹枝的枝端的葉
觸著下邊的樹枝，
下邊樹枝的枝端的葉
落在絹衣三重[17]的，

孩子所高舉的瑞玉杯中，
浮脂似的浮著，
水音也是骨碌骨碌的，[18]
這實在是惶恐之至。
日光高照的日之御子，
　這事情就是這樣的傳說吧。」[19]
此歌既獻上，其罪乃被赦免。

## 二〇四

於是皇后乃作歌，其歌曰：
「在大和的高地，
這微高的高臺上，
在這新嘗祭的御殿
生長著枝葉茂盛的椿樹，[20]
像這葉的廣闊，
像這花的照耀，

日光高照的日之御子，
請你受這美酒的貢獻。
這事情就是這樣的傳說吧。」
天皇作歌曰：
「百石城的大宮人，
鵪鶉似的披著領巾[21]，
鶺鴒似的拖著衣裾，
麻雀似的蹲在一起，
今天也似乎有宴會哪，
日光高照的日之宮人，
這事情就是這樣的傳說吧。」
這三首乃是天語歌。在宴會上都稱讚那三重的采女，賜給她許多東西。

二〇五

在這酒宴的時候，春日之袁杼比賣亦來獻酒，天皇作歌曰：
「水滴似[22]的娘子，

拿著長的酒瓶。
拿酒瓶要好好的拿，
要用力的好好的拿了，
拿著長的酒瓶的娘子。」
這乃是宇岐歌。[23]爾時袁杼比賣乃獻歌曰：
「天下平安的我的大君，
早上坐朝所倚靠的，
晚上坐朝所倚靠的，
脇几[24]底下的板呀，
我真願意變做那板！」[25]
此乃是志都歌也。
天皇御年一百二十四歲，[26]己巳年八月九日升遐，御陵在河內的多治比之高鸇。

1 韓比賣即上文第一九一節的訶良比賣。

2 據《日本書紀》，近江國出白鵜，即白色鷺鷥，因係珍奇之鳥，故設舍人以為紀念。

3 大縣主即是後世的村長。

4 因為聘娶是吉禮，故背日為不祥，天皇從大和往河內，故云背日而行。上文第七六節，又以向日而戰為不祥，禁忌正相反，但即此可以見古人對於太陽的崇拜。

5 此處「平群山」之上有枕詞，見一二四頁注二五，今從略。

6 將歌送去，此處有兩種辦法，一文字傳達，二口頭傳達。上文第一六八節的口子臣，即是司口頭傳達者，此當亦是同樣情形。

7 此歌解說紛歧，今據本居宣長說，以神木之不可侵犯喻老女之不可復召。

8 此處因栗棲原聯想到嫩栗，作為下文年少時的陪襯，係枕詞的一種作用。

9 解說不一，此據本居宣長說，但意思仍不甚明了。

10 見二一二頁注一五。

11 原文作「吳床」，即胡床，上文第五二節即已有天若日子臥胡床上之文，故或疑雄略天皇無有胡床，未免拘泥，蓋後世記錄時已有此物，文字異同蓋出於無心也。

12 日本古代以天皇為神的代表，稱為現津神，即神之顯於世者，此處雄略天皇自稱，可見其人的性格，以現及神道的精神。

13 栲乃穀樹之類，古代取其纖維為布，故稱「白栲」或寫作「白妙」，作為衣袖等枕詞。

14 蜻蛉即蜻蜓，日本古名阿岐豆，或寫作「秋津」，讀音相同。

15 拍手表示歡喜，中國推手回拜。

16 采女蓋高舉御盞，過於頭頂，故不見盞中落葉，中國古時所謂舉案齊眉，亦係表示恭敬之意。
17 「絹衣三重」係雙關語，下連從三重地方來的意思。
18 此處云似浮脂，云水音骨碌骨碌的，均係記天地開始的成語，取其吉慶，致祝賀之意。
19 見七三頁注七。
20 詞句與上文第一六七節山代川的歌部分相同。
21 鶺鴒頸有白斑，喻著領巾，鶺鴒上下其尾，蓋喻拖著長裳。
22 「水滴」係下文「臣」的枕詞，因「臣」音近「大水」，今譯文從略。
23 宇岐歌此云盞歌，蓋注酒時的歌，宇岐或寫作「浮」字。
24 脇几系一種憑倚之几，放在脅下，稱作「脇息」。
25 此意與陶淵明的《閑情賦》相似，「願在木而為桐，作膝上之鳴琴。」
26 史稱雄略天皇在位二十三年，六十二歲而崩，似係實錄，《古事記》云一百二十四歲，當屬傳說誇張之詞，蓋如赤豬子的故事所說，天皇的年紀非一百以上不可，但安康天皇被弒時又說還是少年，相隔才二十三四年，這年歲的矛盾甚是顯然。

# 六、清寧天皇與顯宗天皇

## 清寧天皇

二〇六

白髮大倭根子命（清寧天皇）在伊波禮的甕栗宮，治理天下。此天皇無皇后，亦無王子，故規定白髮部，以為紀念。天皇崩後，無有統治天下的王子，乃尋問可繼皇位的王子，以市邊忍齒別王的妹子忍海郎女，又名飯豐王，在葛城忍海之高木角刺宮聽政焉。

## 志自牟的新室落成

二〇七

山部連小楯任命為針間國的長官的時候，到那地方的人志自牟的新房子裡，舉行落成慶祝。於是盛開宴會，正值酒半，各人輪流歌舞。爾時有燒火的小子二人，在灶的旁邊，也叫來歌舞。一人說道：

「阿哥，你先舞吧。」其兄說道：

「兄弟，你先舞吧。」二人相讓著的時候，集會的人看了互讓的情形笑起來了。終於兄先舞了，其弟要舞的時候，曼聲吟道：

「我們勇敢的武士，
佩著的大刀柄上，
畫著紅的花紋，
穗子上掛著紅布，
站起來看時，
對面隱約的山麓上，
砍來些竹子，
把竹梢曲伏的樣子，
像彈八弦琴似的，[1]
那麼治理天下的，
伊耶本和氣天皇的御子，
市邊忍齒王之
末裔，奴輩是。」

小楯連聞而大驚，從座上落下，把家裡的人都趕了出去，將王子二人放在左右膝上，[2]悲哀哭泣，乃招集民眾造臨時宮殿，住在臨時宮殿裡面，一面派遣驛使出去。於是其姑母飯豐王聽見歡喜，叫上宮裡去了。

## 歌垣

### 二〇八

在治理天下尚未決定的時候，平群臣的祖先志毗臣在歌垣上，強取了袁祁命所想娶的美人。[3]那娘子是菟田首等的女兒，名叫大魚。爾時袁祁命也采到歌垣。於是志毗臣作歌曰：[4]

「大殿的那一頭的檐角，
有一角傾斜了。」

如是歌已，乞歌末句，袁祁命乃續歌曰：[5]

「這是大匠拙劣，
所以有一角傾斜了。」

志毗臣又歌曰：

「大君的氣度寬大，

對於臣子的八重柴垣，
並不闌入。」
王子歌曰：
「看潮流的波浪的樣子，
在游泳著的鮪魚[6]的鰭邊
見有妻子立著呢。」
於是志毗臣愈加氣忿，歌曰：
「王子的柴垣，
雖是重重的結著，
可是能切破的柴垣，
燒掉的柴垣。」
王子亦作歌曰：
「很大的鮪魚，
刺鮪魚的漁人呀，
因為如此所以心急吧，
刺鮪魚的鮪魚。」

如是歌唱競爭，至於天明，遂各散去。明日清晨，意富祁命與袁祁命二人計議，說道：

「凡朝廷的人，旦則趨朝，晝則集於志毗之門。現今志毗亦當睡覺，故其門當無有人。及今不圖，便難下手。」遂興兵圍志毗臣的家，殺其一家。

二〇九

其時二位王子，各以天下相讓。意富祁命讓其弟袁祁命道：

「住在針間的志自牟家裡的時候，倘不是你顯示名字，更沒有做統治天下的君王的事。那是你的功勞。所以我雖是兄長，還是你應該先來治理天下。」袁祁命辭不獲已，乃治理天下。

## 顯宗天皇

二一〇

袁祁石巢別命（顯宗天皇）在近飛鳥宮，治理天下八年。此天皇娶石木的女兒難波王，但無有王子。此天皇尋求其父王市邊王的遺骨的時候，淡海國的一出身卑賤的老媼出來說道：

「王子埋骨的地方，我知道得很清楚。又因了那牙齒可以知道。」因為忍齒王的牙齒是有三枝的很大的牙齒。於是召集人民，尋求御骨，乃得到遺體，在蚊屋野的東邊山上，造了御陵葬了，叫韓袋的兒子們看守御陵。然後，將遺體搬來了。[7]天皇還宮，乃召見老媼，因為她很能夠著眼那葬地，不曾忘記，加以稱讚，賞給她「置目」老媼的稱號。[8]遂召人宮內，十分鄭重的與以賞賜，又在宮的近旁造做老媼的住家，每天必定召見。所以在宮殿的門口掛上鈴鐺，要召見這老媼的時候，便拉鈴鐺使響。於是乃作歌曰：

「從茅草生著的原野
以及小谷傳來的，
鈴鐺搖盪的聲音啊，
可不是置目來了吧？」[9]

隨後置目老媼說道：

「我很老邁了，想要回到本國去。」隨即依照了她。送她回去的時候，天皇送她作歌曰：

「置目呀，近江的置目，
從明天起就將隱在深山裡，
不能再見了吧。」

二二一

天皇當初遇難在逃的時候，有飼豬的老人奪其乾飯，至是乃命尋求其人。及既求得，遂命召至飛鳥河的河邊，把他斬了，又將一族的人都切斷了膝筋。以是至於今日，其子孫到大和來的時候，必定自然而然的跛行。這就是那老人看定躲避的所在，所以那地方叫作志米須。10

二二二

天皇對於殺害其父王的大長谷天皇，深為怨恨，欲加報復於死者，毀大長谷天皇的御陵。正要派遣人去的時候，其兄意富祁命乃奏言曰：

「要破壞這個御陵，不可派遣他人。我當自己去，一如天皇御意那樣的破壞了來。」天皇說道：

「那麼就照你所說的辦了吧。」於是意富祁命親自前去，在御陵旁邊掘毀少許，便回來復奏道：

「已經掘毀了。」爾時天皇怪其回來得快，間道：

「怎樣的毀壞的呢？」回答道：

「御陵旁邊的土，掘了少許。」天皇問道：

「要報父王的仇，必須把那御陵全都毀了，為什麼只掘了少許的呢？」回答說道：

「這樣做的理由是，欲報父王的仇於死者，誠然有理，但大長谷天皇雖是父王的仇人，一面也還是我們的從父，而且又是治理天下的天皇，今如單為報父王的仇起見，把治理天下的天皇的御陵悉皆破壞，後世的人必定要加誹謗。可是父王的仇，也不可不報。所以把御陵旁邊掘毀少許，以示後世便已夠了。」天皇聽了說道：

「這也說得有理，便照你所說的辦好了。」隨後天皇升遐之後，意富祁命即了帝位。天皇御年三十八歲，八年間治理天下，御陵在片岡的石杯岡上。

1 這歌詞的意思只要說明自己是履中天皇的子孫，上邊一連串全是陪襯的話，由武士的裝束說到竹，借竹梢曲伏形容盛大之勢，又說彈八弦琴比喻治天下，便歸結到本題了。

2 二王子避難在幼小時，中間經過雄略天皇的二十三年，應該已是少年了。故事裡卻仍當作「燒火的小子」，所以這裡將二人抱在膝上云云，與事實或恐有未合。

3 古時青年男女聚會，即興詠歌，按拍吟唱，或互為跳舞，遊戲竟日夜，為結婚的媒介，日本稱為「歌垣」，垣者言眾人聚為牆垣。中國少數民族中間，間有此類風俗，如跳月之俗即是。

4 此處歌詞排列似有錯亂，故詞意多費解，今依本居宣長說，重為排列如次：

爾時袁祁命也來到歌垣，而作歌曰：

「看潮流的波浪的樣子，
在游泳著的鮪魚的鰭邊
見有妻子立著呢。」

志毗臣乃歌曰：

「很大的鮪魚，
刺鮪魚的漁人呀，
因為如此所以心急吧，
刺鮪魚的鮪魚。」

又歌曰：

「大殿的那一頭的檐角，
有一角傾斜了。」

如是歌已，乞歌末句，袁祁命乃續歌曰：

「這是大匠拙劣，
所以有一角傾斜了。」

王子又歌曰：

「大君的氣度寬大，
對於臣子的八重柴垣，
並不闌入。」

於是志毗臣愈加氣憤，歌曰：

「王子的柴垣，
雖是重重的結著，
可是能切破的柴垣，
燒掉的柴垣。」

5 此歌係旋頭歌，上下各為半片，此處由二人合作而成。歌意蓋言王子失戀，故殿檐傾頹，而王子則歸咎於大匠的拙劣，表明與自己無干。

6 「志毗」讀音與「鮪魚」相同，故歌詞借鮪魚為喻，鰭邊猶言袖邊。王子此歌以鮪魚比志毗臣，故志毗臣後來亦以刺鮪魚的漁人比王子，如是解說似較可。

7 上文說已下葬，這裡又說似乎遷到大和來，故或以此一句定為衍文。

8 「置目」字義即是「著眼」，她能留心那葬地，所以給她這個稱號。

9 老嫗的家既在皇宮近旁，故來時不必經過原野，這裡只是因鈴鐺而聯想的情景，彷彿如驛路的樣子。

10 「志米須」為「見志米須」之略，此言看定，係附會地名的說法，為地名故事的一例。此處所說不很明白，蓋言老人防避為人所知，故看定一躲避之處，據本居宣長說大意如是。

# 七、仁賢天皇以後十代

## 仁賢天皇

二一三

意富祁命（仁賢天皇）在石上之廣高宮，治理天下。此天皇娶大長谷若建天皇的王女春日大郎女而生的王子，高木郎女，其次財郎女，其次久須毗郎女，其次手白髮郎女，其次小長谷若雀命，其次真若王。又娶丸邇日爪臣的女兒糠若子郎女而生的御子，春日山田郎女。此天皇的御子合計七位，其中小長谷若雀命治理天下。

## 武烈天皇

二一四

小長谷若雀命（武烈天皇）在長谷之列木宮，治理天下八年。此天皇沒有太子，規定小長谷部，代為子嗣。御陵在片岡的石杯岡。天皇既崩，無可繼位的王子，乃召品太天皇五世孫袁本杼命，命由近淡海國上京，與手白髮命結婚，授以天下。

# 繼體天皇

## 二一五

袁本杼命（繼體天皇）在伊波禮的玉穗宮，治理天下。此天皇娶三尾君等的祖先，若比賣而生的王子，大郎子，其次出雲郎女，凡二位。又娶尾張連等的祖先，凡連的妹子，目子郎女而生的王子，廣國押建金日命，其次建小廣國押楯命，凡二位。又娶意富祁天皇的王女手白髮命為皇后而生的王子，天國押波流岐廣庭命，一位。又娶息長真手王的王女麻組郎女而生的王女，佐佐宜郎女，一位。又娶坂田大俣王的王女黑比賣而生的王女，神前郎女，其次茨田郎女，其次馬來田郎女，凡三位。又娶茨田連小望的女兒關比賣而生的王女，茨由大郎女，[1]其次白坂活日子郎女，其次小野郎女，又名長目比賣，凡三位。又娶三尾加多夫的妹子，倭比賣而生的王女大郎女，其次丸高王，其次耳王，其次赤比賣郎女，凡四位。又娶阿倍波延比賣而生的王子，若屋郎女，其次都夫良郎女，其次阿豆王，凡三位。此天皇的御子共計十九王，男七人，女十二人。此中天國押波流岐廣庭命治理天下。其次廣國押建金日命亦治理天下。其次建小廣國押楯命亦治理天下。佐佐宜王齋祭於伊勢神宮。又在此時代，筑紫君石井不從天皇之命，多有無禮的事，乃遣物部荒甲之大連及大伴之金村連二人，往殺石井。

此天皇御年四十三歲，丁未年四月九日升遐，御陵在三島之藍陵。

## 安閒天皇

二一六

廣國押建金日命（安閒天皇）在勾之金箸宮，治理天下。此天皇無御子。乙卯年三月十三日升遐，御陵在河內之古市高屋村。

## 宣化天皇

二一七

建小廣國押楯命（宣化天皇）在檜坰之廬入野宮，治理天下。此天皇娶意富祁天皇的王女桔之中比賣命而生的王子，石比賣命，其次小石比賣命，其次倉之若江王。又娶川內之若子比賣而生的王子，火穗王，其次惠波王。此天皇的御子合計五位，男三人，女二人。火穗王為志比陀君的祖先，惠波王為韋那君、多治比君的祖先。

## 欽明天皇

二一八

天國押波流岐廣庭（欽明天皇）天皇在師木島大宮，治理天下。此天皇娶檜坰天皇的王女石比賣命而生的王子，八田王，其次沼名倉太玉敷命，其次笠縫王，凡三位。又娶其女弟小石比賣命而生的御子，上之王，一位。又娶春日之日爪臣的女兒糠子郎女而生的王子，春日山田郎女，其次麻呂古王，其次宗賀倉王，凡三位。又娶宗賀之稻目宿禰大臣的女兒岐多斯比賣而生的王子，桔豐日命，其次妹石坰王，其次足取王，其次豐御氣炊屋比賣命，其次亦稱麻呂古王，其次大宅王，其次伊美賀古王，其次山代王，其次妹大伴王，其次櫻井之玄王，其次麻奴王，其次桔本之若子王，其次泥杼王，凡十三位。又娶岐多志比賣命之姨小兄比賣而生的王子，馬木王，其次葛城王，其次間人穴太部王，其次三枝部穴太部王，又名須賣伊呂杼，其次長谷部若雀命，凡五位。此天皇的御子女共計二十五王。此中沼名倉太玉敷命治理天下。其次桔豐日命亦治理天下。其次豐御氣炊屋比賣命亦治理天下，其次長谷部若雀命亦治理天下。共計四王，悉治理天下。

## 敏達天皇

### 二一九

沼名倉太玉敷命（敏達天皇）在他田宮，治理天下一十四年。此天皇娶其庶妹豐御氣炊屋比賣命而生的王子，靜貝王，又名貝暗王，其次竹田王，又名小貝王，其次小治田王，其次葛城王，其次宇毛理王，其次小張王，其次多米王，其次櫻井玄王，凡八位。又娶伊勢大鹿首的女兒小熊子郎女而生的子女，布斗比賣命，其次寶王，又名糠代比賣王，凡二位。

又娶息長真手王的女兒比呂比賣命而生的王子，忍坂日子人太子，又名麻呂古王，其次坂騰王，其次宇遲王，凡三位。又娶春日中若子的女兒老女子郎女而生的王子，難波王，其次桑田王，其次春日王，其次大股王，凡四位。

此天皇的御子等共計十七王，其中日子人太子娶庶妹田村王又名糠代比賣命而生的御子，即在岡本宮治理天下的天皇。[2]其次中津王，其次多良王，凡三位。又娶漢王的妹子大股王而生的王子，智奴王，其次妹桑田王，凡二位。又娶庶妹玄王而生的王子，山代王，其次笠縫王，凡二位。合計七王。

天皇甲辰年四月六日升遐，御陵在川內科長。

## 用明天皇

二三〇

桔豐日命（用明天皇）在池邊宮，治理天下三年。

此天皇娶稻目宿禰大臣的女兒意富藝多志比賣而生的王子多米王，一位。又娶庶妹間人穴太部王而生的王子上宮廄戶豐聰耳命，[3]其次久米王，其次植栗王，其次茨田王，凡四位。又娶當麻之倉首比呂的女兒飯女子而生的王子，當麻王，其次妹須賀志呂古郎女，凡二位。

此天皇丁未年四月十五日升遐，御陵在石寸掖上，後遷於科長中陵。

## 崇峻天皇

二三一

長谷部若雀（峻天皇）天皇在倉橋柴垣宮，治理天下四年。壬子年十一月十三日升遐，御陵在倉椅岡上。

## 推古天皇

二三二

豐御氣炊屋比賣命（推古天皇）在小治田宮，治理天下三十七年。戊子年三月十五日癸丑升遐，御陵初在大野岡上，後遷於科長之大陵。

（一月廿九日譯了，二月廿日校畢）

1 原本無此一句，因下文共計十九王，計算起來人數不足，本居宣長參酌《日本書紀》補入二十字，今從其說。

2 此指第三十四代舒明天皇，係推古天皇的後一代，《古事記》中沒有這一代的記載。

3 廄戶王子推廣漢文化，尊崇佛教，後世甚加尊重，未即位而卒，通稱聖德太子。

# 附錄《古事記》諸神簡介與世系表

# 《古事記》別天神與神世七代、日本諸島生成表

## 別天神

天之御中主神

高御產巢日神（高木神）— 思兼神

萬幡豐秋津師比賣命

神產巢日神 — 少名毗古納神

宇摩志阿斯訶備比古遲神

天之常立神

## 代

①國之常立神

②豐雲野之神

③宇比地邇神

須比智邇神

④角杙神

深色字　表示男性神祇

淺色字　表示女性神祇

═　表示夫妻關係

## 神世七

- 活杙神
- ⑤意富斗能地神
- 大斗乃辨神
- ⑥淤母陀流神
- 阿夜訶志古尼神
- ⑦伊耶那岐神 ＝ 伊耶那美神

- 水蛭子（放入蘆舟中流去）
- 淡島（不列入所生諸子）

### 八大島國

- 淡道之穗之狹別島
- 伊豫之二名島
  - 伊豫國：愛比賣
  - 贊岐國：飯依比古
  - 粟國：大宜都比賣
  - 土左國：建依別
- 隱伎之三子島（天之忍許呂別）
- 筑紫島
  - 筑紫國：白日別
  - 豐國：豐日別
  - 肥國：建日向日豐久士比泥別
  - 熊曾國：建日別
- 伊伎島（天比登都柱）
- 津島（天之狹手依比賣）
- 佐度島
- 大倭豐秋津島（天御虛空豐秋津根別）

### 六島

- 吉貝的兒島（建日方別）
- 小豆島（大野手比賣）
- 大島（大多麻流別）
- 女島（天一根）
- 知訶島（天之忍男）
- 兩兒島（天之兩屋）

# 《古事記》伊耶那岐神斬殺火神後生成諸神世系表

⑦伊耶那岐神 ＝ 伊耶那美神

- 大事忍男神
- 石土毗古什
- 石朝比賣神
- 大戶日別神
- 天之吹男神
- 大屋毗古神
- 風木津別知忍男神
- （海神）大綿津見神
  - 豐玉比賣
  - 玉依比賣
- （水戶神）速秋津日子之神 ＝ （水護神）素秋津比賣之神
  - 沫那藝神
  - 沫那美神
  - 頰那藝神
  - 頰那美神
  - 天之水分神
  - 國之水分神
  - 天之久比奢母智神
  - 國之九比奢母智神
- （風神）志那都比古神
- （木神）久久能智神

（山神）大山津見神
＝（原野之神）鹿屋野比賣神

- 天之狹土神
- 國之狹土神
- 天之狹霧神
- 國之狹霧神
- 天之闇戶神
- 國之闇戶神
- 大戶惑子神
- 大戶惑女神
- 足名椎
- 手名椎
- 大事比賣女神
- 石長比賣女神
- 阿多都比賣女神

（船神）鳥之石楠船神（天之鳥船神）

大宜都比賣神

（火神）火之夜藝速男神（火之炫毗古神、火之迦具土神）

（伊耶那美嘔吐物）
- 金山毗古神
- 金山毗賣神

（伊耶那美糞便）
- 波邇夜須毗古神
- 波邇夜須毗賣神

（伊耶那美尿液）
- 彌都波能賣神
- 和久產巢日神——豐宇氣毗賣神

# 《古事記》伊耶那岐神斬殺火神後生成諸神世系表

- 伊耶那岐神
  - （從淚而生）泣澤女神
  - （十握之劍）天之尾羽張（伊都之尾羽張）
    - 劍鋒之血而生
      - 石拆神
      - 根拆神
      - 石筒之男神
    - 劍莖之血而生
      - 甕速日神
      - 樋速日神
      - 建御雷之男神（建布都神、豐布都神）
    - 劍柄之血從指縫中漏出而生
      - 暗淤加美神
      - 暗御津羽神

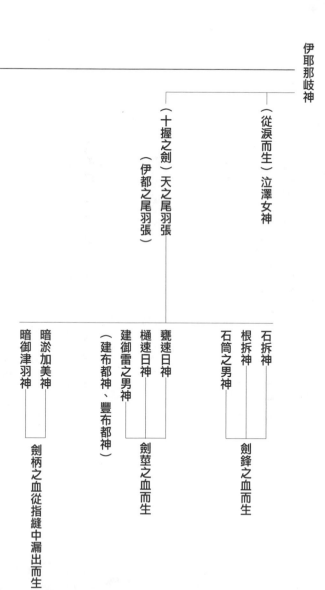

伊耶那美神（黃泉津大神、道敷大神）

- （火神）火之夜藝速男神
  - 頭：正鹿山津見神
  - 胸：淤縢山津見神
  - 腹：奧山津見神
  - 陰：暗山津見神
  - 左手：志藝山津見神
  - 右手：羽山津見神
  - 左足：原山津見神
  - 右足：戶山津見神
- （雷神八尊）
  - 頭：大雷
  - 胸：火雷
  - 腹：黑雷
  - 陰：拆雷
  - 左手：稚雷
  - 右手：土雷
  - 左足：鳴雷
  - 右足：伏雷

# 《古事記》伊耶那岐神黃泉歸來與祓除儀式所生諸神世系表

那　岐　神

## 拋棄衣著物品而生之神祇

- （桃實）大神實命
- （手杖所化）衝立船戶神
- （衣帶所化）道之長乳齒神
- （袋所化）時置師神
- （衣服所化）和豆良比能宇斯神
- （褌所化）道俉神
- （冠所化）飽咋之宇斯神
- （左手串所化）
  - 奧疏神
  - 奧津那藝佐毗古神
  - 奧津甲斐辨羅神
- （右手串所化）
  - 邊疏神
  - 邊津那藝佐毗古神
  - 邊津甲斐辨羅神

伊　耶

## 祓除洗滌時所生諸神

- （汙垢而生）
  - 八十禍津日神
  - 大禍津日神
- （消禍而生）
  - 神直毗神
  - 大直毗神
  - 伊豆能賣神
- （水底洗滌而生）
  - 底津綿津見神
  - 底筒之男命
- （水中洗滌而生）
  - 中津綿津見神
  - 中筒之男命
- （水上洗滌而生）
  - 上津綿津見神
  - 上筒之男命

### 貴子三人

- （洗左眼而生）天照大御神
  - 珠
    - （左髻勾玉）正勝吾勝勝訴日天之忍穗耳命
    - （右髻勾玉）天之菩比命
    - （鬟上勾玉）天津日子根命
    - （左手勾玉）活津日子根命
    - （右手勾玉）熊野久須毗命
- （洗右眼而生）月讀命
- （洗鼻而生）建速須佐之男命
  - 十握劍
    - 多紀理毗賣命（奧津島比賣命）
    - 市寸島比賣命（狹依比賣命）
    - 多岐津比賣命

# 日本起源諸神

**世界的起源最初並無天地區別，而是混沌黑暗。漸漸地，清明能量上升成為天，在此誕生了眾多的神明，為天地的開始……**

## 天之御中主神

《古事記》中所記載的第一尊神明，出現於天地始分之時，可說是宇宙萬物的初始，諸神的根源。存於幽冥之中，不現於世間。相馬太田神社（福島）、秩父神社（埼玉）、青麻神社（宮城）、岡太神社（兵庫）、釧路神社（北海道）等地皆以天之御中主神為主祭。

## 高御產巢日神

《古事記》中所記載出現的第二尊神明。是一尊擁有生成力的神明，具有創造的能力。安達太良神社（福島）、赤丸淺井神社（富山）以高御產巢日神為主祭。

## 神產巢日神

《古事記》中所記載出現的第三尊神明。與高御產巢日神成對，掌握生成力，具有甦醒、復活的力量，一般認為是女性神明，生子少名毘古那神（《古事記》所載）。八所神社（山形）、安達太良神社（福島）以神產巢日神為主祭。

## 宇麻志阿斯訶備比古遲神

於世界萌芽漂浮不定時，幻化而出的神明。物部大社（島根）、浮島神社（愛媛）供奉此神。

## 天之常立神

與宇麻志阿斯訶備比古遲神相同，同樣於世界萌芽、天地漂浮不定的同時，幻化為神。現今日本諸神社未有將其列為主祭，出雲大社（島根）、駒形神社（岩手）、金持神社（鳥取）將此神列為陪祭。

## 國之常立神

神世七代的第一位，與國土形成相關。日本神道信仰者認為國之常立神是根源神祇。因為被視為形成國土的根源神與守護神，今日日本供奉的神社眾多，大致有聖神社（埼玉）、蘇羽鷹神社（千葉）、日枝神社、大鳥神社、二宮神社（上三座皆為東京神社）、山津照神社（滋賀）、城南宮（京都）、玉置神社（奈良）、熊野速玉大社（和歌山）、若櫻神社（鳥取）、小村神社（高知）等。

## 豐雲野之神

在國之常立神後誕生的神明，被視為豐饒大地的神祇，屬於神世七代。今日祭祀豐雲野之神的神社有御嶽神社（東京）、十二神社（奈良）、岩根神社（島根）。

## 宇比地邇神、須比智邇神

宇比地邇神為男神，與其妹須比智邇神同時誕生，亦屬於神世七代。今日日本祭祀兩神的神社有稻村神社（茨城）、物部神社境內的神代七代社與忌部神社（島根）、熊野速玉大社和那智大社（和歌山）、宮浦宮（鹿兒島）、二荒山神社境內的十二社（栃木）、沙田神社（長野）。

## 角杙神、活杙神

角杙神為男神，與其妹活杙神同時誕生，同屬神世七代。今日本物部神社境內的神代七代社（島根）與宮浦宮（鹿兒島）祭祀兩神。

## 意富斗能地神、大斗乃辨神

意富斗能地神為男神，與其妹大斗乃辨神同時誕生，同屬神世七代。今日本宅宮神社（德島）、稻村神社（茨城）、物部神社境中的神代七代社、忌部神社（島根）穗見諏訪十五所神社（山梨）、熊野速玉大社與熊野那智大社（和歌山）、宮浦宮（鹿兒島）、二荒山神社境內的十二社（栃木）等神社祭祀兩神。

## 淤母陀流神、阿夜訶志古泥神

淤母陀流神為男神，與其妹阿夜訶志古泥神同時誕生，同屬神世七代。今日本祭祀兩神的神社有：健男霜凝日子神社下宮（大分）、鵜坂神社（富山）、足尾神社、稻村神社、近津神社（茨城）、物部神社境　的神代七代社、佐比賣山神社、忌部神社、能義神社（島根）、阿沼美神社（愛媛）、穗見諏訪十五所神社（山梨）、熊野速玉大社與熊野那智大社（和歌山）、宮浦宮（鹿兒島）、日吉神社（滋賀）、神埼神社（千葉）與二荒山神社境內的十二社（栃木）等神社。

## 伊耶那岐神

伊耶那岐神與其妹伊耶那美神為神世七代中最後誕生的神明，與其妹結為夫妻，開天闢地，孕育出日本國土及眾多自然神明和萬物，也因為夫妻紛爭，而形成人類有生必有死的命運。兩神為夫妻相處和諧的象徵。今天日本玉置神社（奈良）、熊野速玉大社（和歌山）與若櫻神社（鳥取）等眾多神社都奉祀此神。

## 伊耶那美神

為神世七代最後出現的神明，女神，與伊耶那岐神象徵夫妻相處和諧的象徵，同時也身兼大地之母並掌管黃泉國。伊耶那美神孕育了日本國土與諸島，並生下眾多神祇，但在因生火神時陰部灼傷而逝去，死後成為掌管黃泉之神（黃泉津大神）。

## 大事忍男神

伊耶那岐神與伊耶那美神在生下日本諸島之後，產下的第一個男神。

## 石土毗古神、石巢比賣神、大戶日別神、天之吹男神、大屋毗古神、風木津別之忍男神

此六神為伊耶那岐神與伊耶那美神在生下大事忍男神後，隨後產下的六神。此六神被稱為「家宅六神」，被視為建構屋宅、守護房舍的神明。

## 大綿津見神

伊耶那岐神與伊耶那美神在產下家宅六神後，繼而生下的是大綿津見之神，即是傳說中的海神。大綿津見神之女豐玉比賣，後許嫁給火遠理命，生下神武天皇之父。

## 速秋津日子之神、速秋津比賣之神

此為伊耶那岐神與伊耶那美神產下的兄妹神，後結為夫妻，掌管水戶（港口），分別管理河與海洋的事。因河水可以洗滌、清潔汙穢，因此兩神亦為「除祓之神」。此兩神另外生下八位神明：沫那藝神、沫那美神、頰那藝神、頰那美神、天之水分神、國之水分神、天之久比奢母智神、國之久比奢母智神。日本祭祀兩神的主要有湊口神社、由良湊神社（兵庫）、五泉八幡宮與湊神社（新潟）、水神社（長崎）、利川神社（鳥取）、伊努神社、賣布神社（島根）、鳴神社（和歌山）、瀨戶比古神社（石川）、祓戶神社（鹿兒島）、川裾宮唐崎神社與佐久奈度神社（滋賀）、多和神社（香川）、須須岐水神社（長野）、惣社水分神社、宇太水分神社上宮、都祁水分神社（奈良）等神社。

## 志那都比古神

此為伊耶那岐神與伊耶那美神產下的風神。日本祭祀志那都比古神的主要有風日祈宮、風宮（三重）、龍田大社（奈良）、風間神社（長野）、神埼神社（千葉）等神社。

## 久久能智神

此為伊耶那岐神與伊耶那美神產下的木神。日本祭祀久久能智神的主要有公智神社、久久比神社（兵庫）、樽前山神社（北海道）等神社。

## 大山津見神

此為伊耶那岐神與伊耶那美神產下的山神，後與其妹原野之神鹿屋野比賣神結合，生下四組神：天之狹土神與國之狹土神、天之狹霧神與國之狹霧神、天之暗戶神與國之暗戶神、大戶惑子神與大戶惑女神。另外還有足名椎、手名椎與大市比賣女神、石長比賣女神、阿多都比賣女神等等。日本祭祀大山津見神的現今主要有大山祇神社（愛媛）、大山阿夫利神社（神奈川）、梅宮大社（京都）、三嶋大社（靜岡）等神社。

## 鹿屋野比賣神

女神，為伊耶那岐神與伊耶那美神產下的原野之神，與其兄大山津見神結合，生下天之狹土神與國之狹土神等在內四對神。今日祭祀鹿屋野比賣神的主要有樽前山神社（北海道）、萱津神社（愛知）等神社。

## 鳥之石楠船神

又名天之鳥船神，為伊耶那岐神與伊耶那美神產下的船神，掌管海上之事。今日祭祀鳥之石楠船神的主要有神崎神社（千葉）、隅田川神社（東京）、大鷲神社（神奈川）、石船神社（茨城）等神社。

## 大宜都比賣神

為伊耶那岐神與伊耶那美神產下的女神。根據《古事記》所說，與羽山戶神結為連理，並生下若山咋神、若年神、若沙那賣神、彌豆麻岐神、夏高津日神、秋毘賣神、久久年神、久久紀若室葛根神等八神。大宜都比賣神因建速須佐之男乞食，而從口、鼻、尻中取出美食，卻因此令建速須佐之男不滿而被殺，死後軀體化為穀物，生出蠶桑、稻種、粟、紅豆、麥和大豆等種子，成為五穀的起源。今日祭祀的主要有上一宮大粟神社與一宮神社（德島）、小內八幡神社（長野）、尾針神社（岡山）等神社。

## 火之夜藝速男神（火之炫毗古神、火之迦具土神）

為伊耶那岐神與伊耶那美神產下的火神。出生時，伊耶那美神的陰部因遭灼傷而導致死亡，憤怒的伊耶那岐神拔出所配十握之劍（天之尾羽張劍）斬殺火神，斷其頭顱。然而噴濺出的血與斬斷的頭顱、軀幹，皆化而為神。火神在日本民間信仰中與灶、鍛冶、製陶等語火相關的產業息息相關，因此深受敬拜，今日祭祀火神的主要有火男火賣神社（大分）、秋葉山本宮秋葉神社（靜岡）、愛宕神社與野宮神社（京都）等神社。

## 金山毗古神、金山毗賣神

伊耶那美神在生產火神時，因遭灼傷下體而痛苦，從嘔吐穢物中誕生此男女二神。主要是守護礦產、鍛冶等行業的神明。日本各地均有金山神社祭祀兩神，另外還有南宮大社、南宮御旅神社（岐阜縣）、金屋子神社（島根）、黃金山神社（宮城）、敢國神社（三重）、川口神社（埼玉）等神社祭祀。

## 波邇夜須毗古神、波邇夜須毗賣神

伊耶那美神在生產火神時，因遭灼傷下體而痛苦，從糞便中誕生此男女二神。被視為掌管土壤的神明，也被製陶產業視為行業神。許多土木建築開工前的祭祀中，會將家宅六神與此二神一起敬拜。現今祭祀的主要有波彌神社（京都）、手穀神社、山神社、多他神社（兵庫）、大井神社（靜岡）等神社。

## 彌都波能賣神

伊耶那美神在生產火神時，因遭灼傷下體而痛苦，從尿液中誕生此女神，是掌管水的神明。被視為灌溉用水的神明，有祈雨、止雨的能力。祭祀此神的主要有丹生川上神社中社、彌都波能賣神社（奈良）、大井神社（靜岡）、罔象女社（石川）等神社。

## 和久產巢日神

伊耶那美神在生產火神時，因遭灼傷下體而痛苦，從尿液中誕生此男神，主要掌管穀物與蠶桑，被視為農業之神。與彌都波能賣神成婚，生下豐宇氣毗賣神。今日祭祀和久產巢日神的主要有愛宕神社（京都）、竹駒神社（宮城）、安積國造神社、堂山王子神社（福島）、麻賀多神社（千葉）、王子稻荷神社（東京）等神社。

## 泣澤女神

伊耶那美神死後，其夫伊耶那岐神傷心哭泣，滴下的眼淚落在香久山之畝尾大本（今奈良），化而為女神。今畝尾都多本神社（奈良）、於呂閇志膽澤川神社（岩手）主要祭祀泣澤女神。

## 建御雷之男神（建布都神、豐布都神）

伊耶那美神因生下火神而死，丈夫伊耶那岐神在憤怒之下，提劍斬殺火神。火神的血從劍莖上噴濺而出，生成三神（又稱三柱神），其中之一就是建御雷之男神。建御雷曾與鳥之石楠船神奉天照大神的派遣，前往出雲，詢問大國主是否願意讓位交出國家，大國主之子建御名方不同意，與之決鬥，此決鬥可能是相撲運動的源起。

## 暗淤加美神、暗御津羽神

伊耶那美神死後，伊耶那岐神憤怒斬殺火神，火神之血從劍柄低落，生成此二神。二神皆為水神，被視為灌溉用水之神，有降雨、止雨之力。日本全國皆有祭祀神社，如貴船神社（京都）、丹生穿上神社的中社（奈良）。

## 道俣神

伊耶那美神死後，伊耶那岐神因忘懷不了妻子而前往黃泉，但卻目睹妻子死後身軀的醜態而驚嚇逃回，為清淨身軀而進行祓除（禊祓，消除汙穢的淨化儀式），將使用的手杖、穿著的衣褲、綁束的衣帶、穿戴的衣冠與手串等諸般物品丟棄，這些物品皆化為成神，總共有十二位神明。其中道俁神為所拋棄的褲子所化而成，在民間信仰中具有阻擋疾病、災害或惡鬼幽靈進入村鎮與人居處的能力。

## 天照大御神

伊耶那岐神自黃泉返回後，進行祓除儀式，清潔汙穢，清洗左目時生出天照大御神、清洗右眼時生出月讀命、洗鼻時生出建速須佐之男命，此三神合稱「三貴子」。按《古事記》所說，天照大御神為女神。伊耶那岐神將高天原賜給天照大御神作為領地，居於眾神之上的最高地位。今日如伊勢神宮、伊雜宮（三重）、日前神宮（和歌山）、全國皇大神宮等皆祭祀天照大御神。

## 月讀命

三貴子之一，為天照大神之弟。伊耶那岐神自黃泉返回後，進行祓除儀式，清潔汙穢，清洗右眼時生出月讀命。伊耶那岐神將夜之國分給了月讀命作為領地。今日日本三重的皇大神宮別宮、月夜見宮等神宮神社祭祀月讀命。

## 建速須佐之男命

三貴子之一，為天照大神之弟。伊耶那岐神自黃泉返回後，進行祓除儀式，洗鼻時生出建速須佐之男命。原被分配治理海原，但因他不願前往，哭鬧不休，要求前往母親的國土根之堅洲國，遭到被伊耶那岐神驅逐。建速須佐又前往高天原見天照大御神，因拚命吵鬧破壞，驚嚇天照大御神，藏入天之石屋，引發高天原八百萬神恐慌，最後剪去頭髮、拔除手腳指甲，驅除出高天原。

建速須佐之男命被放逐後來到出雲之國，得知八岐大蛇作亂，吞吃女子，於設計斬殺八岐大蛇，並將蛇尾所藏的草薙劍獻給天照大御神，娶妻櫛名田比賣、神大市比賣，生下眾多子孫，成為出雲國的統治者。

# 高天原諸神

**作為三貴子之一的天照大御神，掌管了居住八百萬神明的高天原。然而建速須佐之男的一場大鬧，導致天照大御神躲入天之岩屋中，高天原頓時日月無光……**

## 多紀理毗賣命（奧津島比賣命）、世寸島比賣命（狹依毗賣命）、多岐津比賣命

被父親伊耶那岐神趕出家門的建速須佐之男神，為了與姊姊天照大御神道別而來到高天原，但他引發的巨動導致天照大御神的不安。為了證明自身清白，以天安河為界，以自身之物產子。建速須佐之男神的十握劍生下了多紀理毗賣命等三尊柔和女神，證明自己沒有奪位的野心。後來此三女神在天孫降臨之際，受天照大御神的命令，守護天孫的安全，因此後來被人們視為保護海上交通安全的海神，又稱為「宗像三女神」。多紀理毗賣命與大國主神結合，生下阿遲鉏高日子根神、下照比賣命兩神。至今各地宗像神社（福岡）、嚴島神社（廣島）等等相關神社，皆有祭祀。

## 正勝吾勝勝速日天之忍穗耳命

天照大御神與其弟建速須佐之男神以天安河為界，分別以自身之物產子。建速須佐之男神取天照大神左髻上的八尺勾玉串飾，咬碎後吹氣而生天勝吾勝勝速日天之忍穗耳命。天照大神曾派祂前往統治葦原中國，但當時該地處於動亂，未能赴任。今日福岡英彥山神宮主祭此神。

## 天之菩比命

天照大御神與其弟建速須佐之男神以天安河為界，分別以自身之物產子。建速須佐之男神取天照大神右髻上的八尺勾玉串飾，咬碎後吹氣而生天之菩比命。天之菩比命後來生下建比良鳥命，為出雲國造、無邪志國造、上菟上國造、下菟上國造、伊自牟國造、津島縣直、遠江國造之祖。日本將之視為農業、養蠶、木棉等行業的守護神。在「天孫降臨」神話中，被稱為天菩比神，受天照大御神之命，出使葦原中國，鎮壓動亂的神明，但因為祂諂媚附和大國主神，三年不曾回高天原覆奏。

## 天津日子根命

天照大御神與其弟建速須佐之男神以天安河為界，分別以自身之物產子。建速須佐之男神取天照大神脖頸上的勾玉串飾，咬碎後吹氣而生天津日子根命。天津日子根命是凡川內國造、額田部湯坐連、茨木國造、倭田中直、山代國造、馬來田國造、道尻岐閉國造、周芳國造、倭淹知造、高市縣主、蒲生稻寸、三枝部造等的先祖。

## 活津日子根命

天照大御神與其弟建速須佐之男神以天安河為界，分別以自身之物產子。建速須佐之男神取天照大神左手的勾玉串飾，咬碎後吹氣而生活津日子根命。今日日本本地的彥根神社與活津彥根神社（滋賀）主要祭祀此神。

## 熊野久須毗命

天照大御神與其弟建速須佐之男神以天安河為界，分別以自身之物產子。建速須佐之男神取天照大神右手的勾玉串飾，咬碎後吹氣而生熊野久須毗命。今日日本本地的六所神社（奈良）、熊野神社（神奈川）、十八神社（京都）等等皆祭祀此神。

## 思兼神（思金神）

高御產巢日神之子，是掌管智慧之神。當天照大御神受到建速須佐之男的驚嚇，躲入天之石屋，導致日月無光時，因思兼神的主意，將天照大御神誘出。此外，天孫降臨時，也是由思兼神與其他諸神陪伴天照大神之孫由高天原降臨葦原中國。今日秩父神社（埼玉）、阿智神社、安布知神社、戸隱神社中社（長野）、思金神社（神奈川）、氣象神社（東京）、天安河原宮（宮崎）等神社主祭思兼神。

## 天宇受賣命

因為建速須佐之男神的胡鬧，導致天照大御神躲入天之石屋中，高天原暗無天日。八百萬神明為勸說天照大御神出來，聽從思兼神建議，召喚長夜之長命鳥鳴唱，打造明鏡、勾玉串飾等物，命天宇受賣命手持竹葉，站在倒放的桶子上舞蹈。因舞蹈得過於忘形，衣服鬆開，幾乎赤裸，引得八百萬眾神大笑。動靜與歡笑聲引起天照大御神好奇，將之誘出。天宇受賣命也因此被視為與藝術、神樂等相關的女神。

## 天手力男命

因為建速須佐之男神的胡鬧，導致天照大御神躲入天之石屋，為誘使天照大御神出來，天宇受賣命忘情舞蹈，終於引得天照大御神注意。當她開門查看時，站在門邊的天手力男命將她拉了出來。後來被視為運動之神。

## 天兒屋命

因建速須佐之男神的胡鬧，致使天照大御神躲入天之石屋。高天原八百萬眾神聽從思兼神的建議，設計將天照大御神引誘而出。在此計畫中，天兒屋命負責吟誦禱詞，引起天照大御神的注意。因此他被視為是祝詞之神、出世之神。今日奈良春日大社、京都吉田神社等都主要祭祀此神。

## 布刀玉命

因建速須佐之男神的胡鬧，致使天照大御神躲入天之石屋。為將天照大御神誘出，布刀玉命手捧八咫鏡、八尺勾玉等物，將之引出，並封起天之石屋，不讓天照大御神再躲起。民間因此將布刀玉命視為執掌祭祀或占卜的神明。

# 出雲諸神

**建速須佐之男離開高天原後，降至出雲，設計殺了作亂的八岐大蛇，建立出雲國，成為出雲國的統治者……**

## 足名椎、手名椎

足名椎與手名椎是大山津見神的子女，結為夫妻後居住在出雲國肥河畔，生養八個女兒，但因遭到八岐大蛇的侵擾，奪走吃掉了七個女兒，僅剩幼女櫛名田比賣。建速須佐之男離開高天原後，來到出雲，與足名椎、手名椎夫妻相遇，斬除八岐大蛇後，娶櫛名田比賣為妻，並在須賀起造宮殿，召足名椎擔任管理者，定名為稻田宮主須賀之八耳神。

## 櫛名田比賣

足名椎與手名椎夫妻之幼女，在建速須佐之男除去八岐大蛇後，嫁予為妻，生下八島士奴美神。被後人視為育兒、姻緣、豐收之神。今日日本冰川神社（埼玉）、八阪神社、地主神社（京都）、須我神社、山邊神社（島根）、櫛田神社（富山）、廣峰神社（兵庫）等等皆主祭櫛名田比賣神。

## 大國主神

建速須佐之男的六世孫，又稱大穴牟遲神或八千矛神。大國主有眾多兄弟，都想迎娶稻羽地方的八上比賣為妻，因大國主救了稻羽的兔神，兔神預言八上比賣將會嫁給大國主神為妻。憤怒的兄弟們在聽聞八上比賣表示將嫁給大國主後，設計數次將他幾乎殺死，但在神產巢日神的幫助下，奇蹟復活。大國主後迎娶建速須佐之男的女兒須勢理毗賣為妻，經過數次考驗，最後逐漸取得出雲的控制權，並在少名毗古那神的指導下，學習並傳播醫藥、農業技術，經營葦原中國，後將國土讓給天孫隱退，成為出雲大社的祭神。八上比賣與大國主神生下兒子樹杈神（又稱御井神）。現今日本的出雲神社，及出雲大社（島根）、大神神社（奈良）等，皆祭祀大國主神。

## 八上比賣

稻羽的女神，是大國主神最早的妻室神，但因懼怕嫡妻須勢理毗賣的嫉妒之心，僅留下與大國主神所生的兒子，最後回歸本國。今日日本主祭八上比賣的神社主要有賣沼神社、酒賀神社、白兔神社（鳥取）等。

## 須勢理毗賣

建速須佐之男的女兒，大國主的正妻，曾數次幫助大國主度過危難。在迎娶了須勢理毗賣為正妻後，大國主趕退了追殺自己的眾神兄弟。須勢理毗賣以嫉妒心強著稱。今日日本一般祭祀大國主的神社，都同時祭祀須勢理毗賣。

## 少名毗古那神

神產巢日神（神產巢日御祖命）的兒子，據說是從神明的手指間漏出去的。與大國主結為兄弟，一同治理出雲。被後人視為智慧、學問、商業、開拓的神明，也被奉為醫藥與溫泉之神。少名毗古那、大國主、大國魂命三神，被稱為「開拓三神」，在日本各地或海外殖民地皆有神社祭祀。據說少名毗古那神身材嬌小，是後來民間傳說故事中一寸法師的雛形。

# 天孫降臨

**葦原中國出現亂象，天照大御神派遣幾次使者前往，最終由天孫邇邇藝命降下，成為葦原中國的新任統治者……**

## 天若日子

天若日子是天津國玉神之子，受天照大御神的命令，繼天菩比神之後出使葦原中國，平定暴亂的神明。但天若日子娶了大國主神之女下照比賣，逐漸生出貪念，想要奪取國土，遲遲不肯回高天原覆奏，甚至射死了傳達天照大御神命令的雉名鳴女，後遭高御產巢日神的制裁被箭射死。

## 下照比賣

大國主神之女，天若日子之妻。因天若日子違背天照大御神的命令，並殺死傳遞命令的雉名鳴女，被高御產巢日神以箭射死。下照比賣因為丈夫死亡而悲傷痛哭，哭聲直達天庭。兄長阿遲志貴高日子根神因長相與天若日子相似，在喪禮上遭到誤認，為彰顯兄長之名，於是歌詠唱頌出兄長之名，名為〈夷曲〉。

## 八重言代主神

大國主神之子。天照大御神派遣建御雷前往葦原中國，詢問大國主是否讓位？大國主表示兒子八重言代主神可以代替回答。八重言代主神得知此事後，決定將國土交還給天照大御神。今日祭祀八重言代主神的有賀茂別雷神社、賀茂御祖神社（京都）、三嶋大社（靜岡）、長田神社（神戶）等神社。

## 建御鳴方神

大國主神之子，八重言代主神之弟。在天孫降臨神話中，代表天照大御神的建御雷神逼問大國主神，要求讓位，但因建御鳴方不同意，與之挑戰比試，但因實力懸殊而被迫認輸，將葦原中國獻出。今長野縣的諏訪大社與各地諏訪神社街供奉祭祀此神。

## 邇邇藝命

天照大御神之孫，正勝吾勝勝速日天之忍穗耳命之子。在大國主神隱退後，受天照大御神之命，從高天原下降，成為葦原中國的統領者。天照大御神賜八尺勾玉、神鏡及草薙之劍三種神器。三神器代代相傳，由歷代天皇繼承，至今勾玉藏於皇居、神鏡供奉在伊勢皇大神宮、草薙劍則祭祀在熱田神宮中。邇邇藝命與大山津見神之女木花之佐夜比賣一見鍾情，但迎娶之時，大山津見神以長女石長比賣為副，一併遣嫁。邇邇藝命嫌棄石長比賣醜陋，將之退還，但因此注定壽命如木花一般繁盛但脆弱，失去永生。

### 木花之佐夜比賣

大山津見神之女，石長比賣之妹，邇邇藝命之妻。邇邇藝命因其美貌與之鍾情，拒絕同娶相貌醜陋的石長比賣，因此喪失永生。木花之佐夜比賣生下火照命、火須勢理命、火遠理命三個孩子。後人視她為櫻花之神，傳說她能保護富士山布噴發。日本各地淺間神社與梅宮大社（京都）、比比多神社（神奈川）等神社皆祭祀此神。

# 人皇誕生

## 歷代天皇皆以天照大御神為先祖，而神與人的交界點，就是人治的開始……

### 火遠理命（山佐知毗古）

邇邇藝命與木花之佐久夜比賣所生的么子，以狩獵維生，因為想要釣魚，向兄長火照命商借釣魚用具，卻遺失了魚鉤。為了賠償魚鉤，將自身的寶劍改作成五百魚鉤，但卻遭到火照命拒絕。火遠理命前往海神綿津見神的宮殿，想要尋找魚鉤，與神之女豐玉比賣鍾情成婚，並得到綿津見神的幫助，找回了魚鉤。

### 火照命（海佐知毗古）

邇邇藝命與木花之佐久夜比賣所生之子，因借出釣魚器具而被弟弟遺失，憤怒之下不願接受火遠理命的道歉和賠償。後因火遠理命對魚鉤施咒，致使他越來越貧窮，心生邪念想要加以攻擊，雖生惡心想要加以攻擊，但因為火遠理命操縱滿潮珠與乾潮珠反擊，最終後悔，願日夜擔任衛兵贖罪。火照命為隼人族的祖先。

## 豐玉比賣

海神綿津見之女，與火遠理命結為夫妻，因生產時化出原形，為一條八尋長的鰐魚，被火遠理命親眼所見，因此羞愧返回海神領地。但無法忘懷兒子，因此撰寫歌謠，拜託妹妹玉依比賣送交火遠理命，表達內心悲傷。

## 玉依比賣

海神綿津見之女，豐玉比賣的妹妹。因豐玉比賣原形為火遠理命所見，因此羞愧返回大海，留下兒子鵜葺草葺不合命，託付給妹妹玉依比賣養育。鵜葺草葺不合命長大後迎娶玉依比賣，生下五瀨命、稻冰命、御毛沼古命、御毛沼命（神倭伊波禮毗古命）四子。

## 鹽椎神

掌管潮流、航海海陸的海神。在火理遠命因為丟失魚鉤而困擾時，給予建議，並指引他前往海神綿津見的宮殿。今日日本各地祭祀鹽土老翁的神社，或鹽竈神社、鹽釜神社，都主祭此神。

## 神倭伊波禮毗古命

即神武天皇，為鵜葺草葺不合命與玉依比賣的么子。按《古事記》記載，為求天下太平，與胸五瀨命同行，往東從日向出發，前往筑紫、阿岐國、吉備等地但在進入白肩津（今大阪灣）時，遭遇攻擊，五瀨命喪命於此。途經熊野時，得到天照大御神的協助，派遣八咫烏領路，前往大和。神倭伊波禮毗古命最終統一分裂的國家，建立宮殿並登基，是為大和的開始。娶阿比良比賣為妻，生子多藝志美美命、岐須美美命。又迎娶伊須氣余理比賣為皇后，生下日子八井命、神八井耳命、神沼河耳命三子。

## 熊野之高倉下

神武天皇東征的路途中，於熊野一地，因遭遇熊神而陷入昏睡。熊野之高倉下在夢中受劍御雷神指示，將名為佐士布都神的大刀獻給神武天皇，解除了昏睡。

## 伊須氣余理比賣

神武天皇的皇后。傳說中，其父為美和的大物主神，因此又被稱為「神的御子」。伊須氣余理比賣為神武天皇生下三子，於神武天皇駕崩後，再嫁給天皇長子藝志美美命。得知藝志美美命想要殘殺其他兄弟，於是作歌示警，警告諸子，使之防備。

## 神沼河耳命

神武天皇與伊須氣余理比賣皇后所生的么子。在得知庶兄藝志美美命企圖謀害諸皇子後，與兄長神八井耳命起而反抗。但到了最後關頭，神八井耳命因為恐懼，不敢殺死藝志美美命，而由神沼河耳命擊敗敵人，後繼位成為綏靖天皇。

國家圖書館出版品預行編目資料

古事記 / 太安萬侶著 ; 周作人譯 . -- 初版 . -- 臺北市 :
商周 , 城邦文化出版 : 家庭傳媒城邦分公司發行 ,
民 107.10
面； 公分 . --（縱橫歷史 ; 17）
ISBN 978-986-477-538-5（平裝）

1. 日本史
731.215 107015677

縱橫歷史 17

# 古事記

作　　　者／太安萬侶
譯　　　者／周作人
企 畫 選 書／陳名珉
責 任 編 輯／陳名珉

版　　　權／翁靜如
行 銷 業 務／李衍逸、黃崇華
總　編　輯／楊如玉
總　經　理／彭之琬
發　行　人／何飛鵬
法 律 顧 問／元禾法律事務所　王子文律師
出　　　版／商周出版
城邦文化事業股份有限公司
台北市中山區民生東路二段 141 號 9 樓
電話：(02) 2500-7008 傳真：(02) 2500-7759
E-mail：bwp.service@cite.com.tw
發　　　行／英屬蓋曼群島商家庭傳媒股份有限公司城邦分公司
台北市中山區民生東路二段 141 號 2 樓
書虫客服服務專線：(02)2500-7718．(02)2500-7719
24 小時傳真服務：(02)2500-1990．(02)2500-1991
服務時間：週一至週五 09:30-12:00．13:30-17:00
劃撥帳號：19863813 戶名：書虫股份有限公司
E-mail：service@readingclub.com.tw
歡迎光臨城邦讀書花園 網址：www.cite.com.tw
香 港 發 行 所／城邦（香港）出版集團有限公司
香港灣仔駱克道 193 號東超商業中心 1 樓
電話：(852) 2508-6231　傳真：(852) 2578-9337
E-mail：hkcite@biznetvigator.com
馬 新 發 行 所／城邦 ( 馬新 ) 出版集團【Cité (M) Sdn. Bhd. (458372U)】
41, Jalan Radin Anum, Bandar Baru Sri Petaling,
57000 Kuala Lumpur, Malaysia
電話：(603 )9057-8822 傳真：(603) 9057-6622
Email：cite@cite.com.my

封 面 設 計／黃聖文
排　　　版／李莉君
印　　　刷／韋懋實業有限公司
經　銷　商／聯合發行股份有限公司
電話：(02) 2917-8022　傳真：(02) 2911-0053
地址：新北市 231 新店區寶橋路 235 巷 6 弄 6 號 2 樓

■ 2018 年（民 107）10 月 30 日 初版
■ 2023 年（民 112）3 月 23 日 初版 2.8 刷
定價／ 320 元

Printed in Taiwan


ISBN 978-986-477-538-5

商周出版

| 廣 告 回 函 |
|---|
| 北區郵政管理登記證 |
| 台北廣字第000791號 |
| 郵資已付，免貼郵票 |

104台北市民生東路二段141號2樓

**英屬蓋曼群島商家庭傳媒股份有限公司　城邦分公司**

請沿虛線對摺，謝謝！

商周出版

| | | |
|---|---|---|
| 書號： BH3017 | 書名： 古事記 | 編碼： |

商周出版

# 讀者回函卡

謝謝您 買我們出版的書籍！請費心填寫此回函卡，我們將不定期寄上城邦集團最新的出版訊息。

姓名：＿＿＿＿＿＿＿＿＿＿＿＿＿＿＿＿ 性別：□男 □女

生日：西元＿＿＿＿＿＿年＿＿＿＿＿＿月＿＿＿＿＿＿日

地址：＿＿＿＿＿＿＿＿＿＿＿＿＿＿＿＿＿＿＿＿

聯絡電話：＿＿＿＿＿＿＿＿＿＿ 傳真：＿＿＿＿＿＿＿＿＿＿

E-mail：＿＿＿＿＿＿＿＿＿＿＿＿＿＿＿＿＿＿＿＿

學歷：□ 1. 小學 □ 2. 國中 □ 3. 高中 □ 4. 大專 □ 5. 研究所以上

職業：□ 1. 學生 □ 2. 軍公教 □ 3. 服務 □ 4. 金融 □ 5. 製造 □ 6. 資訊

□ 7. 傳播 □ 8. 自由業 □ 9. 農漁牧 □ 10. 家管 □ 11. 退休

□ 12. 其他＿＿＿＿＿＿＿＿＿＿＿＿＿＿＿＿

您從何種方式得知本書消息？

□ 1. 書店 □ 2. 網路 □ 3. 報紙 □ 4. 雜誌 □ 5. 廣播 □ 6. 電視

□ 7. 親友推薦 □ 8. 其他＿＿＿＿＿＿＿＿＿＿＿＿

您通常以何種方式購書？

□ 1. 書店 □ 2. 網路 □ 3. 傳真訂購 □ 4. 郵局劃撥 □ 5. 其他

您喜歡閱讀哪些類別的書籍？

□ 1. 財經商業 □ 2. 自然科學 □ 3. 歷史 □ 4. 法律 □ 5. 文學

□ 6. 休閒旅遊 □ 7. 小說 □ 8. 人物傳記 □ 9. 生活、勵志 □ 10. 其他

對我們的建議：＿＿＿＿＿＿＿＿＿＿＿＿＿＿＿＿

＿＿＿＿＿＿＿＿＿＿＿＿＿＿＿＿

＿＿＿＿＿＿＿＿＿＿＿＿＿＿＿＿

＿＿＿＿＿＿＿＿＿＿＿＿＿＿＿＿

請於此處用膠水黏貼